Michael Laitman, PhD

Secercah
Cahaya

Dasar-dasar Kearifan Kabbalah

Laitman
Kabbalah
Penerbit

Secercah Cahaya : dasar-dasar kearifan kabbalah
Hak Cipta © 2024 oleh Michael Laitman

Seluruh hak cipta
Diterbitkan oleh Laitman Kabbalah Publishers
www.kabbalah.info
info@kabbalah.info
1057 Steeles Avenue West, Suite 532,
Toronto, ON, M2R 3X1, Kanada
2009 85th Street #51, Brooklyn, New York, 11214, AS

https://kabbalah.academy/id

Tidak ada bagian dari buku ini yang boleh digunakan atau direproduksi
dengan cara apapun tanpa izin tertulis dari penerbit,
kecuali dalam hal kutipan singkat yang terkandung
dalam artikel atau ulasan kritis.

ISBN 978-1-77228-176-7

Terjemahan: P Minarno
Sampul: Galina Kaplunovich, Inna Smirnova
Percetakan dan Pasca Produksi: Uri Laitman

EDISI PERTAMA: JANUARI 2014
Pencetakan pertama

Daftar isi

Mengenai Buku ini 7
Kata pengantar 9
Kabbalah dan Kita 12
Ego 19
Adam HaRishon 26
Cinta 34
Sang Pencipta 40
Globalisasi Rohani 48
Tingkatan Berbicara 59
Orang Tua, Anak dan Pendidikan 66
Cintai Temanmu Seperti Dirimu Sendiri 72
Laki-laki dan perempuan 77
Kekurangan dan Pemenuhan 81
Alam 87
Israel 95
Kli (Wadah) dan Cahaya 103
Tulisan-tulisan Kabbalah 109
Studi Kabbalah 113
Realitas Imajiner 119

Titik didalam Hati 130
Jiwa 134
Kitab Zohar 139
Pekerjaan Batin 149
Internalitas Taurat 157
Orang Saleh 165
Sebuah Grup 168
Kabbalah dan Agama 174
Kabbalah dan Sains 182
Kerohanian 189
Akal dan Emosi 196
Doa 200
Kenikmatan 204
Kata penutup 209
Referensi 210

Mengenai Buku ini

Secercah Cahaya merupakan kompilasi renungan pilihan dari lautan kearifan yang ditawarkan dalam kearifan Kabbalah. Buku ini menyentuh topik-topik seperti kesenangan, ego, cinta, pria dan wanita, globalisasi, pendidikan, ekologi, Alam, persepsi realitas, *Kitab Zohar*, dan spiritualitas. *Secercah Cahaya* menyajikan pendekatan unik Kabbalah terhadap konsep-konsep akrab seperti Sang Pencipta, *Adam HaRishon*, Bangsa Israel, Taurat, orang-orang saleh, dan doa.

Buku ini lahir dari keinginan kami untuk berbagi pengalaman indah mempelajari Kabbalah dengan para pembaca kami. Setiap hari, kami mengumpulkan hal-hal yang paling menyentuh hati kami dalam pelajaran Kabbalah Dr. Michael Laitman. Ajarannya tentang *Kitab Zohar*, tulisan ARI, dan tulisan Rav Yehuda Ashlag (Baal HaSulam) disiarkan langsung setiap hari ke ribuan pemirsa di seluruh dunia di www.kab.tv dan www.kabbalah.info.

Kami menyusun materi berdasarkan topik. Buka saja bukunya di mana pun Anda mau, dan mulailah membaca. Setiap bab berisi beberapa bagian yang digabungkan menjadi satu gambaran utuh. Kadang-kadang, tanya jawab sering diberikan untuk membantu memperjelas masalah yang sedang dibahas. Kami mempersembahkan koleksi ini kepada

Anda sebagai "Secercah Cahaya", sehingga Anda dapat merasakan emosi dan persepsi mendalam yang dapat kita peroleh dengan mempelajari Kearifan Kabbalah.

Para Editor

Kata pengantar

Kita menyaksikan gejolak yang dialami dunia di semua bidang kehidupan: bencana alam, krisis global, dan krisis sosial yang akut di bidang pendidikan dan hubungan antar manusia. Secara materialistis, kita mempunyai manfaat berlimpah yang tidak dapat diperoleh generasi sebelumnya, namun ada perasaan yang aneh di udara.

Beberapa orang merasa ini hanyalah periode sementara dan penuh gejolak, namun menurut Kearifan Kabbalah, hal tersebut tidak terjadi. Kita hidup di masa bersejarah, sesaat sebelum kita memasuki kehidupan baru. Ini adalah masa yang sulit, penuh dengan rasa sakit saat melahirkan, dan Kabbalah diungkapkan untuk membantu kita, seperti yang dilakukan oleh bidan berpengalaman.

Kearifan Kabbalah berkembang di Babel kuno. Saat itu, umat manusia hidup sebagai satu klan besar. Lalu tanpa disangka-sangka, ledakan itu terjadi seperti yang digambarkan dalam kisah Menara Babel.

Di Babel, seorang bijak bernama Abraham mulai mempelajari peristiwa pada masanya dan mengembangkan Kearifan Kabbalah. Kearifan Abraham adalah ilmu yang membiasakan kita dengan "ruang kendali" rahasia alam semesta, mengajarkan kita apa yang terjadi pada kita, dan memberitahu kita bagaimana mengendalikan hidup kita.

Dengan dunia yang kini menjadi desa global, seperti di Babel kuno, sekali lagi sulit bagi kita untuk rukun satu sama lain. Seolah-olah kita berdesakan di dalam panci bertekanan tinggi, tidak tahu bagaimana cara keluar darinya. Para Kabbalis meramalkan situasi ini dan menunjuk pada masa-masa ini sebagai "titik balik di mana kearifan Kabbalah akan diungkapkan kepada masyarakat luas," untuk menawarkan penjelasan dan solusi terhadap permasalahan kita.

Selama ribuan tahun ketika Kabbalah disembunyikan, banyak gagasan salah yang dikaitkan dengannya. Akibatnya, orang mengira itu adalah sistem mistik yang berhubungan dengan mantra dan ilmu sihir, jimat dan pengobatan supernatural, benang merah, air suci dan sebagainya. Sebenarnya, ini adalah metode ilmiah yang mengungkap sistem di balik kekuatan Alam yang mengatur dunia kita.

Kearifan Kabbalah menjelaskan segala sesuatu yang telah terjadi, sedang terjadi, dan akan terjadi pada kita—mulai dari tingkat global, melalui unit keluarga, hingga ke titik terdalam di lubuk hati kita masing-masing, yang merasa kita pantas mendapatkan yang terbaik yang ditawarkan oleh kehidupan.

Rabbi Menachem Mendel dari Kotzk,
"Manusia diciptakan untuk mengangkat Surga."

Kata pengantar

Kearifan Kabbalah telah terungkap pada generasi kita berkat Kabbalis besar abad kedua puluh, Rav Yehuda Ashlag (1884-1954). Rav Ashlag, yang dikenal sebagai Baal HaSulam (Pemilik Tangga) karena komentar *Sulam (*Tangga*) tentang Kitab Zohar,* menulis di usia senjanya, *Tulisan Generasi Terakhir.* Dalam pengantar komposisi revolusionernya, ia menulis: "Ada sebuah alegori tentang teman-teman yang tersesat di gurun pasir, lapar dan haus. Salah satu dari mereka telah menemukan pemukiman yang penuh dengan segala kesenangan. ...Demikian pula persoalan yang ada di hadapan kita: kita telah tersesat di gurun pasir yang mengerikan bersama seluruh umat manusia, dan kini kita telah menemukan harta karun yang besar dan berlimpah, yaitu kitab-kitab Kabbalah di dalam harta karun itu. ...Sekarang, para pembaca yang budiman, buku ini ada di hadapan Anda, di dalam lemari. Di dalamnya dinyatakan secara eksplisit segala Kearifan kenegarawanan dan perilaku kehidupan pribadi dan publik yang akan ada pada akhir zaman."

Kabbalah dan Kita

Beralih Menuju Alam

Ada kekuatan positif di Alam. Kearifan Kabbalah mengajarkan kita bagaimana menjadi bijak dan menerima kekuatan itu sehingga mengembangkan kita dengan baik dan benar.

Kabbalah tidak berbicara tentang situasi buatan atau gagasan abstrak apa pun. Hal ini menjelaskan bagaimana kita harus membangun diri kita sendiri, dan jenis jaringan yang saling berhubungan seperti apa yang harus kita ciptakan sehingga kita dapat menerima kekuatan inklusif yang ada di Alam dengan intensitas yang lebih besar. Saat ini, kita tampaknya mengabaikan kekuatan tersebut, dan kita harus belajar bagaimana berbalik dan menghadapinya.

Menghubungkan ke Kebaikan Mutlak

Kekuatan tertinggi di Alam adalah kebajikan mutlak. Para Kabbalis memandang kekuatan ini sebagai sumber kehidupan, sumber kebaikan, dan menyebutnya dengan nama "Sang Pencipta". Menurut mereka, hanya kebaikan, cahaya, dan kesenangan yang mengalir dari sumber itu. Namun, ketika kelimpahan itu sampai kepada kita, kita menyalahgunakannya; karenanya, kita tidak mampu menerimanya.

Maksudnya itu apa? Artinya, kita tidak pernah bisa benar-benar puas karena saat kita menerima sesuatu, kesenangannya pun hilang. Misalkan saya sangat lapar dan akhirnya berhasil makan sesuatu yang enak. Pada awalnya, saya merasakan kesenangan yang luar biasa. Tapi semakin banyak saya makan, semakin kecil saya kenikmatan makanan ini. Pada titik tertentu, makan tidak lagi menyenangkan, dan saya tidak menemukan gunanya untuk melanjutkan.

Di Kabbalah, kesenangan disebut sebagai *"ohr* (Cahaya)", dan hasrat kita terhadap kesenangan disebut *"kli* (wadah)". Begitu kenikmatan bertemu dengan hasrat, kenikmatan itu terpuaskan dan dengan demikian membatalkannya, seperti halnya plus dan minus saling menetralisir. Inilah yang terjadi dengan semua keinginan-keinginan kita di dunia ini, apakah itu keinginan akan seks, makanan, uang, kehormatan, kekuasaan, atau pengetahuan. Kenikmatan hanya dirasakan pada awal terpuaskannya keinginan tersebut. Setelah itu, hal itu mulai menghilang.

Ternyata permasalahan kita adalah kita berseberangan dengan sumber keberlimpahan, bertolak belakang dengan Sang Pencipta. Sifat Sang Pencipta adalah memberi, sedangkan sifat kita adalah menerima untuk diri kita sendiri. Oleh karena itu, bagaimanapun kita mencoba untuk mendapatkan kepuasan dalam diri kita, kita tidak akan pernah benar-benar merasa kenyang. Pada akhirnya, kita harus memahami bahwa kita memerlukan penjelasan tentang bagaimana menuju ke arah kesenangan dan bagaimana memanggilnya kepada kita, agar kesenangan itu tidak hilang.

Belajar Mencintai

Kearifan Kabbalah mengajarkan kita bagaimana menerima kesenangan dan kenikmatan. Ini menjelaskan bahwa ketika kita menerima dan melahapnya hanya untuk diri kita sendiri, maka kesenangan itu hilang. Sebaliknya, jika kita menerima dengan maksud untuk menyebarkannya kepada orang lain, kita akan bisa menikmatinya tanpa batas.

Jadi apa yang kita butuhkan untuk merasakan kesenangan tanpa batas? Cintai semua orang. Ketika cinta sejati terhadap orang lain dibangun dalam diri kita, dengan bantuan Kabbalah, kita akan mampu memancarkan Cahaya melalui diri kita kepada semua orang. Kemudian kita akan menemukan bahwa "orang lain" sebenarnya bukanlah "orang lain". Melainkan, mereka adalah bagian dari diri kita yang ada saat ini terasa seperti orang asing, agar kita bisa mengetahui apa itu cinta sejati.

Hukum Akar dan Cabang

> "Demikianlah, tidak ada satupun unsur realitas, atau kejadian realitas di alam bawah, yang tidak akan kamu jumpai di dunia atasnya, yang serupa

dengan dua tetes air dalam kolam. Dan mereka disebut 'Akar dan Cabang.'"

Baal HaSulam, "Esensi Kearifan Kabbalah"

"Hukum Akar dan Cabang" adalah salah satu hukum dasar dalam Kearifan Kabbalah. Pernyataan ini menyatakan bahwa setiap tindakan, pemikiran, keinginan, atau kejadian, segala sesuatu di dunia kita, mulai dari partikel dalam atom hingga manusia dan hingga seluruh galaksi, dioperasikan oleh kekuatan dari atas. Hubungan antara kekuatan-kekuatan dan hal-hal yang dipengaruhinya merupakan hubungan sebab-akibat, akar dan cabang.

Kearifan Kabbalah memungkinkan kita mengungkap Dunia Atas, di mana akar segala sesuatu yang terjadi di dunia kita ada. Saat kita mengungkap akarnya, dunia tampak menjadi transparan. Kita melihat kekuatan yang mengaktifkan segalanya. Kita mulai merasakan dari mana pikiran dan keinginan kita berasal, mengapa hal-hal tertentu terjadi pada diri kita atau orang lain. Kita melihat bagaimana jaringan kekuatan beroperasi di dunia, dan bagaimana jaringan tersebut mengatur setiap kejadian di sini dengan "gelombang" yang memancar darinya.

Setiap saat, bahkan saat ini, kita hidup dalam gambaran yang dibangun oleh kekuatan-kekuatan tersebut untuk kita. Mereka mengaktifkan kita dari dalam dan dari luar seperti boneka, tanpa kita sadari. Sekarang kita mempunyai kesempatan untuk menemukan tempat di dalam gambaran tersebut di mana kita dapat masuk dan mulai mempengaruhi kekuatan-kekuatan tersebut secara timbal balik, sehingga belajar mengatur kehidupan.

Mengapa Kearifannya Tersembunyi?

> "Saya senang bahwa saya dilahirkan dalam generasi yang diizinkan untuk mengungkapkan Kearifan kebenaran."
>
> Baal HaSulam, "Ajaran Kabbalah dan Hakikatnya"

Kearifan Kabbalah disembunyikan dari masyarakat hingga saat ini karena perlu menunggu sampai kita berkembang ke keadaan di mana kehidupan kita tidak lagi terlihat bagus. Beberapa dekade lalu, masyarakat masih bersyukur terhadap ilmu pengetahuan dan budaya; mereka menorehkan prestasi, maju, dan berkembang. Kehidupan tampak menjanjikan, dan tampaknya anak-anak kita akan mendapatkan kehidupan yang lebih baik.

Hari ini, sepertinya kita menemui jalan buntu. Kita dikelilingi oleh bahaya, dan situasi ekologis juga tampak tidak menyenangkan. Harapan untuk mendapatkan kehidupan yang lebih baik semakin memudar. Keputusasaan kita yang semakin besar membuat kita siap menerima penjelasan yang ditawarkan Kabbalah mengenai asal mula masalah kita dan solusinya.

Kabbalah menjelaskan bahwa setelah ribuan tahun perkembangan egoistik, dunia telah mencapai keadaan di mana, di satu sisi, semua orang terhubung satu sama lain, dan di sisi lain, saling membenci. Kami dipenjara di dalam sangkar yang tidak punya tempat untuk lari. Tentu saja kita menderita karenanya, namun tidak jelas bagaimana kita dapat menghentikan kebobrokan ini.

Situasi ini bukanlah suatu kebetulan; itu adalah langkah yang telah ditentukan sebelumnya dalam rencana pengembangan ciptaan. Hal ini dimaksudkan untuk mempromosikan kita ke tingkat berikutnya dalam keberadaan kita.

Generasi Baru, Dimensi Baru

> Keseluruhan kearifan Kabbalah hanyalah mengetahui tuntunan Kehendak Yang Lebih Tinggi, mengapa Ia menciptakan semua makhluk ini, apa yang Ia inginkan dari mereka, dan bagaimana akhir dari semua siklus dunia nantinya.
>
> Ramchal, *138 Pintu Kearifan*, Bagian 30

Kita hidup pada masa yang sangat istimewa. Setelah ribuan tahun disembunyikan, Kearifan asli Kabbalah kembali terungkap kepada semua orang, kepada siapa pun, siapa pun dia, tanpa prasyarat apa pun.

Manusia mulai memahami bahwa tujuan metode Kabbalah adalah untuk mengangkat kita ke derajat tertinggi di Alam, derajat Sang Pencipta. Dengan kata lain, Kabbalah bukan untuk mengajarkan sihir atau trik, pengobatan, jimat, pengobatan atau berkah, juga bukan untuk meningkatkan kehidupan duniawi kita. Sebaliknya, ini dimaksudkan untuk mengangkat kita ke tingkat keberadaan yang baru.

Dengan Kabbalah, kita jadi mengetahui rencana tertinggi Penciptaan, kita memahami apa tujuan keberadaan kita di bumi, dan apa yang harus kita lakukan untuk mewujudkan potensi kita. Seluruh umat manusia harus mencapai keadaan yang unik dan unggul di zaman kita ini.

Ego

Melintasi Setiap Batasan

Saat ini, kita telah mencapai keadaan di mana ego mengendalikan orang dan tidak membiarkan mereka mempertimbangkan orang lain. Bahkan aturan, "Apa yang kamu benci, jangan lakukan pada temanmu," sudah tidak ada isinya lagi. Hingga saat ini, aturan tersebut telah membantu kita dalam kehidupan sehari-hari. Misalnya, kita menghindari menyakiti tetangga agar mereka tidak menyakiti kita. Ego memperingatkan kita: "Tinggalkan tetanggamu sendiri atau kamu akan dibalas." Begitu pula yang dirasakan tetangganya, sehingga kehidupan berjalan tertib.

Kita hidup seperti itu selama beberapa generasi. Meskipun terkadang kita merasa sedikit terkekang, orang cenderung setuju bahwa itulah cara hidup terbaik. Namun belakangan ini, ego telah meluap, mendobrak segala batasan di antara kita, melewati setiap pagar dan tembok pertahanan. Itu meledak begitu saja, dan akibatnya, kita sudah tidak mampu mengendalikan diri.

Orang akan melakukan apa saja untuk sukses. Penggunaan ego yang berlebihan telah menjadi norma sosial, dan media mengagung-agungkan fenomena tersebut. Segalanya boleh, asalkan berhasil.

Kita perlu memahami proses ini secara lebih mendalam. Tidak ada orang baik atau orang jahat; ada perkembangan yang dimaksudkan untuk memaksa kita menyadari betapa destruktifnya egoisme dan perlunya segera memperbaikinya.

Jenis Pemberian yang Berbeda

> Hakikat manusia hanyalah menerima untuk dirinya sendiri. Secara alami, kita tidak mampu melakukan hal terkecil sekalipun untuk memberi manfaat bagi orang lain. Sebaliknya, ketika kita memberi kepada orang lain, kita terpaksa berharap bahwa pada akhirnya kita akan menerima imbalan yang sepadan.
>
> Baal HaSulam, "Pidato Penyelesaian Buku Zohar"

Kita semua memikirkan diri kita sendiri terlebih dahulu. Bahkan ketika kita membantu orang lain, memberikan sesuatu, atau memperlakukan orang lain dengan baik, hal itu dilakukan agar kita dapat menerima balasannya.

Jika kita melakukan sesuatu yang baik untuk orang lain, itu karena manfaatnya. Kita berpikir seperti, "Mereka juga akan membantu saya ketika saya tua atau sakit," atau "Jika saya membantu anak orang lain di seberang jalan, mereka juga akan membantu anak saya," atau "Dengan begitu, dunia akan menjadi lebih baik. dan lebih nyaman bagi saya dan keluarga saya."

Namun saat ini, rencana pembangunan Alam menuntut kita untuk melampaui imbalan yang sempit dan bersifat individual untuk mencapai tingkat realitas tertinggi, tingkat cinta dan pemberian yang murni.

Apakah Sebenarnya Ego ini

Ketika saya ingin makan, minum, berkumpul dengan keluarga, mempunyai pekerjaan yang baik, berlibur, itu tidak dianggap egois. Keinginan untuk menikmati kenikmatan jasmani, hal-hal yang kita perlukan agar bisa hidup nyaman, aman, sehat, bukanlah yang dimaksud dengan istilah "ego" menurut kearifan Kabbalah.

Menurut Kabbalah, egoisme adalah ketika seseorang ingin menyakiti orang lain. Ego adalah kebencian terhadap orang lain, kebalikan dari inklusif hukum realitas, "Kasihilah temanmu seperti dirimu sendiri."

Uji dirimu

Benda mati, vegatasi, dan yang bergerak terus-menerus mencari untuk mengamankan keberadaannya, mencari makanan, mencari habitat, dan sebagainya. Namun mereka tidak dianggap egois. Mengapa tidak? Karena mereka menerima dari dunia hanya apa yang diminta oleh Alam untuk mereka terima, dan tidak lebih dari itu.

Ego hanya ada dalam umat manusia, di mana keinginan untuk memanfaatkan orang lain terungkap. Ketika saya merasa bahagia saja tidak cukup, dan saya ingin orang lain tidak bahagia; ketika saya ingin merasa superior dan memanfaatkan orang lain demi kepuasan diri sendiri, ini disebut "egoisme".

Namun, tidak ada yang bisa dikatakan kepada seseorang mengenai hal ini; dalam pekerjaan ini, seseorang harus menilai dan menganalisis dirinya sendiri. Kearifan Kabbalah membantu kita mempelajari dan mengenal diri kita sendiri. Tidak ada seorang pun yang akan memberi tahu Anda, "Kamu egois." Sebaliknya, Anda sendiri akan mulai mengamati ke mana pikiran Anda diarahkan.

Serigala, Rusa dan Kepuasan dalam Hidup

Apakah serigala yang memangsa rusa membencinya? Tidak. Apakah rusa membenci serigala? Tidak. Serigala memandang rusa sebagai makanan yang perlu dimakannya. Jelas sekali, rusa itu menolak, tetapi tidak bisa dikatakan ada kebencian di antara mereka.

Di mata manusia, serigala mendapat sedikit kenikmatan memakan rusa sambil mengisi perutnya. Namun ketika kita manusia mengalahkan musuh, kegembiraan kita jauh lebih besar dan lebih dalam karena perjuangan manusia disertai dengan perasaan benci, persaingan, perebutan kekuasaan, dan pengejaran kehormatan yang intens. Dengan kata lain, tidak seperti serigala yang hanya menginginkan daging rusa, kita tidak akan puas sampai kita juga "mengambil" "hati" musuh kita.

Ego

"Sisi yang setara dari semua orang di dunia adalah bahwa masing-masing dari kita siap untuk menyalahgunakan dan mengeksploitasi semua orang demi keuntungan pribadi kita dengan segala cara yang mungkin, tanpa mempertimbangkan bahwa kita akan membangun diri kita sendiri di atas kehancuran. dari teman-teman, dan tidak ada bedanya izin apa yang kita berikan untuk diri kita sendiri."

Baal HaSulam, "Perdamaian di Dunia"

Jangan Hancurkan Ego!

Ketika kita menyelidiki persepsi agama dan ajaran yang berkembang selama berabad-abad, kita menemukan bahwa persepsi tersebut didasarkan pada pengurangan ego. Seseorang harus "menenangkan" dirinya semaksimal mungkin, bersikap baik kepada orang lain, menerima segala sesuatu dengan patuh, dan sebagainya.

Kearifan Kabbalah justru mengatakan sebaliknya. Kita tidak boleh menghancurkan ego. Sepanjang sejarah kita telah mengembangkannya, lalu mengapa kita harus tiba-tiba menghancurkannya? Aku ingin memanfaatkan seluruh dunia, mengalahkan semua orang, menjadi orang terpintar dan tersukses di planet ini, memuaskan diriku dengan berbagai jenis kepuasan. Hal inilah yang dimaksud dengan pepatah, "Barangsiapa lebih besar dari pada temannya, maka lebih besar kecenderungannya dari pada dia."[1]

Secercah Cahaya

Kalau ego kita hancurkan, kita tidak punya apa-apa untuk dikoreksi karena kita tidak akan menjadi diri kita sendiri lagi, seolah-olah kita menghilang. Setiap pendakian spiritual hanya dapat dicapai melalui kebencian. Inilah yang dilambangkan dengan istilah "Gunung Sinai"— gunung *Sinaa* (kebencian) di dalam diri kita. Semakin kita menemukan kebencian dan ego yang tersembunyi di dalam, dan belajar menggunakannya dengan benar, semakin tinggi kita akan naik. Namun peningkatan tersebut tergantung pada bagaimana kita melihat ego kita sebagai kekuatan yang membantu kita, atau "bantuan yang diberikan untuk dilawan."

Singkatnya, pekerjaan kita yang sebenarnya adalah menggunakan segala sesuatu yang telah diciptakan, dengan kekuatan ego penuh. Adalah beralasan jika manusia diciptakan sebagai makhluk yang paling egois di Alam, dan juga beralasan jika kita menerima Kearifan Kabbalah, metode koreksi, sehingga kita dapat menggunakannya untuk mengoreksi ego kita.

> "Segala sesuatu dalam kenyataan, baik dan buruk, dan bahkan yang paling berbahaya di dunia, mempunyai hak untuk hidup dan tidak boleh dimusnahkan dari dunia. Kita hanya harus memperbaiki dan mereformasinya."
>
> Baal HaSulam, "Perdamaian di Dunia"

Tumbuh, Tumbuh, dan Tumbuh

Pertanyaan: Sepertinya Kabbalah berbicara banyak tentang ego. Mengapa demikian?

Kabbalah berbicara banyak tentang ego karena ego adalah hal mendasar dalam Penciptaan. Ego terhubung dengan diri seseorang, termasuk hati dan akal. Hati melambangkan keinginan kita, dan kecerdasan melambangkan pikiran kita. Oleh karena itu siapa pun yang ingin berkembang hendaknya mengarahkan hati dan akal budinya kepada persatuan dengan sesama.

Ketika saya bersatu dengan orang lain sesuai dengan ajaran Kearifan Kabbalah, saya mulai merasakan keinginan dan pikiran mereka. Beginilah cara saya tumbuh. Saya mulai memasukkan semua keinginan dan pemikiran di dunia ke dalam diri saya. Bayangkan seberapa besar masing-masing dari kita dapat berkembang di dalam diri kita, dan semakin kita bertumbuh di dalam diri kita, semakin banyak kesenangan yang kita rasakan.

Adam HaRishon

Terang dari Kegelapan

Kekuatan alam yang inklusif adalah cinta dan memberi. Di Kabbalah, ia disebut "Sang Pencipta" atau "Cahaya Atas". Awalnya Sang Pencipta menciptakan satu realitas yang disebut *Adam HaRishon* (Manusia Pertama). Satu *Adam* (manusia) berarti satu keinginan , bukan satu manusia, tetapi satu sistem spiritual.

Karena tubuh kita terdiri dari milyaran bagian, maka satu keinginan itu mencakup milyaran keinginan, yang semuanya terhubung ke dalam suatu sistem yang luas.

Awalnya, bagian-bagian dari sistem ini beroperasi secara harmonis dan menjadi satu kesatuan, namun harmoni tersebut sebenarnya disebabkan oleh Cahaya Atas. Selanjutnya, sebuah tindakan yang disebut "penghancuran" terjadi dan Cahaya menghilang dari satu keinginan yang telah diciptakannya. Keinginan yang tersisa tanpa pemberian Cahaya dianggap hancur. Lebih tepatnya, masing-masing bagian masih tampak utuh, tetapi hubungan antar bagian telah terputus. Itu adalah kehancuran, di mana bagian-bagiannya berhenti bekerja satu sama lain. Menjadi mustahil untuk menerima atau memberi, dan sistem menjadi tidak berfungsi.

Apa yang kita peroleh dari kehancuran itu? Kita mendapatkan ego kita. Artinya, di satu sisi, semakin kita membenci satu sama lain dan semakin menjauh satu sama lain, semakin kita kehilangan Cahaya. Di sisi lain, hanya dari keadaan kegelapan itulah kita dapat memahami apa itu Cahaya, dan apa itu Sang Pencipta. Dikatakan tentang pemahaman itu melalui pertentangan, "Sebagai keunggulan Cahaya dari kegelapan." [2]Memang benar, hanya dari perbedaan dan perbedaan antara kedua keadaan tersebut kita dapat mulai memahami dan mencapai Sang Pencipta.

Manusia Seutuhnya

> "Kehendak Atas menginginkan manusia untuk melengkapi dirinya sendiri dan semua yang diciptakan untuknya, dan itu sendiri akan menjadi penghargaan dan imbalan… Karena pada akhirnya, dia akan menjadi satu-satunya, dan akan menikmati kesenangan selama-lamanya."
>
> Ramchal, *Daat Tevunot* [*Pengetahuan Intelijen*], 14

Mengapa Sang Pencipta menghancurkan satu-satunya makhluk yang Ia ciptakan, yaitu jiwa kolektif? Sebenarnya terkadang kita melakukan hal tersebut kepada anak kita ketika kita ingin membantu mereka berkembang. Misalnya, untuk membuat puzzle, pertama-tama kita menggambar sebuah gambar, lalu memotongnya menjadi beberapa bagian. Anak-anak mencoba menyatukan potongan-potongan itu sendiri, dan mengembangkannya dalam prosesnya. Demikian pula, hanya ketika kita bersatu kembali menjadi satu manusia utuh barulah kita dapat memahami Penciptaan.

Penting untuk dipahami bahwa ada perbedaan kualitatif yang sangat besar antara jiwa kolektif sebelum dipecah dan setelah dikoreksi. Kami akan mengilustrasikannya dengan sebuah contoh. Perangkat TV adalah instrumen yang rumit, tetapi semua orang tahu cara mengoperasikannya. Misalkan televisi pecah berkeping-keping, dan karena alasan tertentu saya tidak punya pilihan selain memperbaikinya. Pikirkan betapa pintarnya saya setelah memperbaikinya! Saya harus mengetahui strukturnya, potongan plastik dan logamnya, kabelnya, sambungannya, dan cara semuanya tersambung. Lagi pula, kita berbicara tentang kehancuran total, jadi saya harus mengetahui segalanya untuk memperbaikinya.

Begitu saya memahami cara pembuatannya, saya mulai menyadari siapa yang merencanakan dan memproduksinya. Sungguh, Dia menginvestasikan "segalanya" pada ciptaannya, jadi dengan mengikuti tindakannya, saya memahami dan mencapainya.

Jadi, alih-alih memiliki pengetahuan dasar tombol mana yang harus ditekan dan kapan, saya mengumpulkan sendiri seluruh Ciptaan dan seluruh Ciptaan menjadi milik saya. Dengan melakukan hal ini, saya mendapatkan pikiran Sang Pencipta dan tingkatan-Nya.

Adam HaRishon

Semua yang Baik dan Menyenangkan

"Tujuan Sang Pencipta atas Ciptaan yang Dia ciptakan adalah untuk melimpahkan kepada makhluk-Nya agar mereka mengetahui kebenaran dan keagungan-Nya, serta menerima segala kenikmatan dan kebahagiaan yang telah Dia persiapkan bagi mereka."

Baal HaSulam, "Pengantar Kitab Zohar," 39

Jiwa yang tunggal dibagi menjadi banyak jiwa untuk memberikan kita masing-masing kesempatan untuk menyetarakan sifat dengan Sang Pencipta. Sang Pencipta mempunyai keinginan untuk memberi, dan kita diciptakan dari keinginan untuk menerima. Ini adalah sifat kita.

Apa buruknya menjadi penerima? Ketika saya menerima, keinginan saya dinetralisir oleh nikmatnya penerimaan. Kita melihatnya dalam kehidupan kita sendiri. Misalkan saya menginginkan sebuah mobil mewah dan saya bekerja bertahun-tahun untuk menabung cukup untuk membelinya. Ketika saya akhirnya melakukannya, saya duduk di dalamnya, menikmati diri saya sendiri setelah sekian lama bekerja untuk itu. Saya menghargai setiap kenop di mobil dan mengaguminya dengan mata saya.

Namun beberapa minggu setelah pembelian, kesenangan itu hilang. Saya sudah terbiasa dengan mobil itu dan sepertinya sudah kehilangan daya tariknya.

Secercah Cahaya

Kita semua akrab dengan proses itu. Begitulah cara keinginan untuk menerima dibangun. Kita mengejar kesenangan, setiap kali kesenangan berbeda, sampai kita bosan dengan perlombaan, dan kemudian kita mati. Ya, ya, memang begitu adanya. Orang mati ketika mereka bosan dengan hidup.

Merasakan kenikmatan abadi berarti memiliki hidup yang kekal. Apakah mungkin untuk hidup selamanya? Bisakah seseorang mencapai derajat seperti Sang Pencipta, abadi dan lengkap? Untuk itu, seseorang harus mencapai keadaan menerima pengisian tanpa batas, yang harus terus meningkat. Selain itu, hal tersebut tidak boleh berkembang karena perasaan kekurangan—hal tersebut harus berkembang dari baik menjadi lebih baik, lalu menjadi lebih baik lagi. Kita bahkan tidak bisa membayangkan kemungkinan tidak adanya rasa kekurangan ketika berada di antara satu hal baik dan hal lainnya. Ini adalah sesuatu yang tidak dapat kita alami dalam kehidupan sehari-hari.

Bagaimana cara melakukannya? Untuk itu, Sang Pencipta mengambil *kli (wadah)* besar yang telah Dia ciptakan, keinginan untuk menerima, dan membaginya menjadi banyak sekali bagian-bagian kecil, yang masing-masing tampak tertutup sendiri, terputus dari bagian lainnya. Proses itu adalah "pemecahan *kli* (wadah)". Akibatnya, masing-masing bagian menganggap dirinya sebagai satu-satunya yang penting, sedangkan bagian lain ada hanya untuk kepentingan dirinya.

Mengapa hal itu dilakukan? Hal itu dilakukan karena sekarang saya mampu mengubah sikap saya terhadap orang lain. Saya dapat mengubah pendekatan saya terhadap orang lain dan menjadikannya serupa dengan pendekatan seorang ibu terhadap anak-anaknya. Saya perlu mencapai keadaan di mana saya merasakan semua keinginan lainnya seolah-olah itu milik saya.

Ketika saya mencapainya, saya memperoleh seluruh *kli (*wadah) yang diciptakan Sang Pencipta. Setiap orang seperti anak-anak saya sendiri; Saya mencintai mereka dan saya memuaskan mereka. Cahaya tak terhingga melintasiku, memenuhi *kli* (wadah) besar yang aku rasakan sebagai milikku, sebagai diriku sendiri. Dengan demikian, aku telah mencapai aliran yang tiada habisnya, tanpa batas, dan dalam hal itu aku serupa dengan Sang Pencipta. Aku telah mencapai tingkatan-Nya, aku menjadi seperti Dia—baik dan penuh kebajikan.

Anterior dan Posterior

Mari kita bayangkan bahwa semua orang di dunia terhubung dan kita dekat satu sama lain, seperti saudara. Bagaimana kita memperlakukan satu sama lain? Semuanya akan tiba-tiba terjadi pada tempatnya.

Sebelumnya, aku membenciмu dan kamu membenciku, jadi aku harus menjaga jarak. Namun kini saya menyadari bahwa kita benar-benar terhubung; kita adalah satu tubuh. Dalam keadaan seperti itu, merugikan orang lain berarti merugikan saya. Mungkin sulit untuk dibayangkan, tapi itulah pengungkapan yang dibawa oleh Kearifan Kabbalah kepada manusia, pengungkapan dari sistem *Adam HaRishon*.

Ada dua keadaan pada sistem pengungkapan itu di dunia kita, anterior (depan) dan posterior (belakang). Saat ini sistem tersebut sudah mulai terlihat, meski untuk saat ini hanya sisi belakangnya saja. Hasilnya, hubungan antar negara dan masyarakat terungkap. Kita hidup di sebuah desa global yang kecil dimana setiap orang mempengaruhi semua orang. Masalahnya adalah saat ini, penolakan, kebencian, ketakutan, jarak, perselisihan, dan pergulatan ada di antara kita, mengungkapkan sisi posterior dari hubungan tersebut.

Jika kita mengungkapkan sistem *Adam HaRishon* di sisi depannya, semua kebatilan akan segera lenyap dan kita semua akan merasa menjadi satu. Dalam keadaan itu, Anda tidak dapat melakukan apa pun kecuali apa yang ingin Anda lakukan sendiri. Anda tidak merasa bahwa orang lain ada; semuanya menjadi satu tubuh; semuanya adalah kamu. Inilah wahyu yang dibutuhkan dunia, dan inilah sebabnya kearifan Kabbalah terungkap saat ini.

Cahaya Yang Mereformasi

Sistem koreksi yang seharusnya kita ungkap adalah sistem yang terintegrasi. Semua bagiannya saling berhubungan, saling berkaitan. Hukum yang menopang sistem itu adalah cinta kasih, memberi, *arvut (*penjaminan bersama).

Adam HaRishon

Saat ini kita berada dalam sistem yang terpecah belah, dan kita harus bergerak maju menuju sistem yang sudah diperbaiki, yang dapat menjadi teladan bagi kita. Pada akhir proses, sistem yang hancur akan kembali menjadi sistem yang diperbaiki, artinya kedua sistem akan bersatu.

Sistem yang dikoreksi dijelaskan dalam teks Kabbalah. Ketika kita mempelajarinya dan berkeinginan untuk maju ke arah itu, upaya kita membangkitkan kekuatan khusus yang bekerja pada kita, kekuatan yang disebut "Cahaya yang melakukan reformasi." Ini adalah kekuatan koreksi yang diproyeksikan kepada kita dari sistem yang dikoreksi, dan intensitasnya bergantung pada sejauh mana kita ingin mendorong diri kita ke arah yang benar.

Cinta

Apa itu cinta?

Saya menyukai apa yang saya nikmati. Saya menyukai anak-anak saya, makanan enak, dan banyak hal lainnya. Saya suka semuanya.

Dalam spiritualitas, cinta memiliki arti yang berbeda. Cinta adalah keinginan kuat untuk memberi, melimpahkan, dan mengisi.

Bahkan di dunia kita yang egois, cinta bermanifestasi sebagai keinginan kuat untuk melakukan hal-hal baik kepada siapa pun yang kita cintai, namun cinta ini didasarkan pada hal yang menyenangkan atau bermanfaat bagi diri saya. Artinya ada sesuatu yang memaksa saya untuk bertindak seperti itu.

Dalam spiritualitas, tidak ada yang memaksa Anda. Ini adalah cinta tanpa syarat, dan itu melampaui sifat natural kita.

> "Setiap gerakan yang dilakukan seseorang untuk mencintai orang lain dilakukan dengan Cahaya yang Dipantulkan, dan suatu imbalan yang pada akhirnya akan kembali kepadanya dan bermanfaat

baginya demi kebaikannya sendiri. Oleh karena itu, tindakan seperti itu tidak dapat dianggap sebagai 'cinta terhadap orang lain' karena tindakan tersebut dinilai dari akhir tujuannya."

Baal HaSulam, *Matan Torah* [Pemberian Taurat]

Keinginan untuk Mencintai

Ketika sesuatu menarik perhatian saya, ketika hal itu membangkitkan dalam diri saya suatu kemungkinan kesenangan, saya mendekatinya. Kepuasan masa depan bersinar bagi saya dari jauh, dan saya ingin terikat dengannya. Inilah cara kita tertarik pada apa atau kepada siapa yang kita yakini akan memberi kita kesenangan, dan kita menyebutnya "cinta".

Kabbalah mengajarkan kita bahwa satu-satunya materi yang diciptakan, materi yang menjadi asal mula kita semua, adalah "keinginan untuk menerima kegembiraan dan kesenangan." Oleh karena itu, cinta diri sendiri diartikan sebagai pemenuhan keinginan saya, dan cinta untuk orang lain adalah aspirasi untuk memenuhi keinginan orang lain. Dengan kata lain, apakah saya bertindak untuk memuaskan hasrat kesenangan saya sendiri melalui orang lain, atau saya bertindak untuk memuaskan hasrat kesenangan orang lain, melalui saya.

Cinta dan Pemberian

> "Semua pekerjaan kita adalah untuk mengungkapkan cinta di antara kita setiap hari."
>
> Baal HaSulam, Surat no. 2

Kearifan Kabbalah seringkali menggunakan kata "cinta" dan "pemberian" (dalam arti mendatangkan keberlimpahan, membanjiri dengan kebaikan). Cinta adalah sebuah cara dan pemberian adalah sebuah tindakan.

Mari kita ambil dua orang, masing-masing dengan suatu keinginan. Jika aku dapat menghubungkan keinginanmu dengan keinginanku, dan menganggap keinginanmu lebih penting daripada keinginanku sehingga keinginanku akan bertindak sebagai pelayan untuk memuaskan keinginanmu, maka aku dianggap mencintaimu. Saat aku menggunakan cinta itu dan mengaktualisasikannya, aku dianggap sedang melakukan tindakan "pemberian".

Inilah yang dibutuhkan dari kita karena kita semua adalah bagian dari satu sistem global, *Adam HaRishon*. Di dalamnya, kita semua terhubung menjadi satu. Karena perpecahan, kita menjadi terpisah satu sama lain; ego telah datang di antara kita, menyebabkan keterpencilan. Agar jarak tersebut dapat dihilangkan, kita skecekarang harus mencapainya tuntutan batin kita sendiri.

Namun menghilangkan jarak tidak dilakukan dengan meniadakan ego. Sebaliknya, walaupun ego itu ada, saya ingin melompatinya. Apalagi saya ingin menggunakannya untuk mempererat hubungan di antara kita.

Ketika kedua ego kita tetap berada di antara kita dan kita terhubung di atasnya, kita mencapai suatu sistem di mana hubungan tersebut jauh lebih kuat daripada sebelumnya, dalam *Adam HaRishon*. Dengan demikian, kita memperoleh kenikmatan yang luar biasa dan memiliki kesetaraan dengan Sang Pencipta. Inilah yang kita peroleh melalui cinta dan pemberian.

> "Ketika seseorang diberikan keinginan untuk memberi, dia memenuhi syarat untuk menerima Kelimpahan Atas."
>
> Baal HaSulam, *Shamati* [Saya Mendengar], Esai 16

Tanpa Paksaan

Pertanyaan: Misalkan seseorang menyadari bahwa ia ingin mencintai orang lain. Bagaimana dia bisa juga mencintai orang yang sulit untuk dicintai? Bagaimana orang jahat bisa dicintai?

Tak satu pun dari kita yang benar-benar mencintai orang lain. Kita bisa saja percaya bahwa kita memang demikian, tapi itu tidak akan mengubah fakta bahwa kita diciptakan dengan sifat cinta diri sendiri. Di sini kearifan Kabbalah menjelaskan bahwa kita tidak boleh memaksakan diri dan memaksakan diri untuk mencintai seseorang. Yang kita butuhkan hanyalah membuka buku Kabbalah dan belajar.

Dengan belajar, kita mulai merasakan dunia baru. Seolah keluar dari kabut, hubungan antara kita terungkap. Kita tiba-tiba merasakan dan melihat bagaimana kita semua terhubung. Kita mulai menyadari bahwa setiap orang adalah bagian yang tidak dapat dipisahkan dari orang lain. Kita tidak dapat memotong bagian mana pun; itu bukan wewenang kita, dan tidak ada bagian yang berlebihan dalam tubuh kita. Kita mulai merasakan bahwa ini adalah jaringan koneksi kekal di mana kita semua terhubung selamanya.

Sebuah hubungan unik terungkap kepada kita, yang secara alami mewajibkan kita untuk mencintai, dan kita tidak bisa lagi menahan diri untuk mencintai orang lain. Cinta jauh lebih kuat daripada hubungan apa pun yang kita kenal saat ini. Di dunia kita, seseorang mungkin terputus dari keluarganya dan seolah-olah menghapus mereka dari kehidupannya. Di sini, hal itu tidak mungkin. Gambaran koneksi yang muncul ada di hadapan kita dalam hati dan emosi kita, membawa kita pada cinta orang lain.

Singkatnya, Kearifan Kabbalah tidak mengharuskan kita melakukan sesuatu yang dibuat-buat. Jika kita menggunakan cara ini dengan benar, hubungan sejati di antara kita akan terungkap dan cinta sejati akan lahir di dalam diri kita.

Cinta

"Cinta tidak datang dengan paksaan atau keharusan."

Baal HaSulam, "Pengantar Studi Sepuluh Sephirot," Butir 82

Sebuah Realitas Cinta

Dengan metode Kabbalah, kita secara bertahap membangun kualitas cinta tanpa syarat dalam diri kita. Kualitas itu memungkinkan kita merasakan asal usul kita, kehidupan yang harmonis, lengkap, dan kekal, *Ein Sof* [tanpa batas] yang ada di luar kehidupan fisik.

Di dalam diri kita, kita hanya dapat merasakan realitas singkat dan singkat dari beberapa tahun yang singkat. Ketika kita muncul dari diri kita sendiri melalui kualitas cinta, kita merasakan kenyataan yang berbeda. Ini adalah realitas yang tidak terbatas dan tidak terhingga. Itu tidak ada hubungannya dengan tubuh kita, oleh karena itu tidak ada kehidupan atau kematian di dalamnya. Abadi dan harmonis karena segala sesuatunya terhubung dengan segala sesuatu—fenomena positif dan negatif menyatu menjadi satu, dan tidak ada pertentangan. Semuanya saling melengkapi. Inilah kesempurnaan, harmoni alam yang agung.

"Semuanya didasarkan pada cinta."

Kitab Zoha r, *Parashat Va'etchanan*
[Dan Aku Memohon], Butir 126

Sang Pencipta

Kekuatan Alam yang Menyeluruh

Pertanyaan: Saya diajari bahwa Sang Pencipta ada di surga, seperti seorang kakek yang baik hati. Apakah itu benar?

Ini telah menjadi pendekatan umat manusia selama beberapa generasi. Ini adalah pendekatan yang mengatakan bahwa ada suatu kekuatan, tetapi tidak ada yang tahu apa itu, jadi kita mengatribusikan karakter pada kekuatan tersembunyi itu berdasarkan pemahaman kita.

Yang benar adalah bahwa Sang Pencipta adalah Kekuatan Alam yang maha inklusif, sebagaimana dijelaskan dalam Kearifan Kabbalah. [3]Namun karena Kabbalah tersembunyi selama ribuan tahun, kita mengembangkan persepsi yang salah, percaya bahwa jika kita meminta dengan baik kepada Sang Pencipta, Dia akan membalas kita.

Kita ingin menggunakan Kekuatan Atas untuk keuntungan kita sendiri. Kita menaruh kepercayaan kita kepada-Nya, seolah-olah Dia adalah suatu pribadi. Kita berpikir, "Saya akan memberi Dia sesuatu, dan Dia akan membalas budinya." Kita berpikir seperti ini kita bisa menyuap Dia dan semuanya akan baik-baik saja.

Sang Pencipta

Ini adalah pendekatan umum, yang mengakar dalam diri kita selama berabad-abad pengasingan, bertahun-tahun keterpisahan dari pencapaian Sang Pencipta dan perasaan Dunia Atas.

Pengasingan adalah suatu keadaan penyembunyian, pelepasan dari pencapaian spiritual. Namun saat ini, Kearifan Kabbalah terungkap kembali, memperjelas pendekatan yang tepat terhadap istilah "Sang Pencipta".

Anak Tangga

> "Keburukan, secara umum, tidak lebih dari cinta diri sendiri, yang disebut "egoisme", karena bentuknya berlawanan dengan Sang Pencipta, yang tidak memiliki keinginan untuk menerima untuk diri-Nya, tetapi hanya untuk memberi."
>
> Baal HaSulam, "Hakikat Agama dan Tujuannya"

Sang Pencipta adalah kekuatan umum cinta dan memberi, yang menciptakan makhluk sebagai kekuatan penerimaan, suatu keinginan egois untuk menerima. Kedua kekuatan ini saling berhadapan seperti langit dan bumi, dan sebuah tangga berdiri di antara keduanya

Ketika seseorang menyesuaikan kualitasnya dengan kualitas yang ada pada anak tangga yang lebih tinggi, dia naik ke anak tangga yang lebih tinggi itu. Dan ketika dia menyesuaikan diri dengan anak tangga berikutnya, dia akan naik sesuai dengan itu.

Semuanya ada di tangan kita. Kita telah diberi kunci Alam, sebuah metode untuk mengubah sifat egois kita sesuai dengan sifat Kekuatan Atas.

> "Kenikmatan adalah kesetaraan bentuk dengan Sang Pencipta. Dan ketika kita menyamakan setiap perilaku dalam akar kita, kita merasakan kegembiraan."
>
> Baal HaSulam, *Matan Torah* [Pemberian Taurat]

Menjadi Seperti Sang Pencipta

Pertanyaan: Di Kabbalah, kita berbicara tentang menyerupai Sang Pencipta. Bagaimana mungkin seseorang bisa berpikir bahwa ia bisa menyerupai Sang Pencipta?

Tidak ada yang bertanya kepada kita apakah kita ingin menyerupai Sang Pencipta atau tidak. Ini hanyalah tujuan Penciptaan yang ditentukan oleh Sang Pencipta. Ngomong-ngomong, tidak ada seorang pun yang menanyakan apakah kita ingin dilahirkan, kapan, di mana, di keluarga mana, atau dalam kondisi apa.

Dan untuk menjadi serupa dengan Sang Pencipta, bukanlah hal yang mustahil seperti yang terlihat saat ini. Kita berbicara tentang kekuatan cinta dan memberi yang harus berkembang di antara kita. Ketika kita dihargai dengan itu, dalam cinta di antara kita, kita juga akan merasa bahwa kita telah membangun kekuatan awal Alam.

Segala tingkah laku Ciptaan, di setiap sudut, saluran masuk, dan saluran keluarnya, telah diatur secara menyeluruh dengan tujuan memelihara spesies manusia dari pusatnya, untuk meningkatkan kualitasnya hingga ia dapat merasakan Sang Pencipta seperti seseorang dapat merasakan sahabatnya. Kebangkitan-kebangkitan ini ibarat anak tangga yang disusun derajat demi derajat hingga selesai dan mencapai tujuannya.

Baal HaSulam, "Ajaran Kabbalah dan Hakikatnya"

Sang Pencipta – Datang dan Lihat

Kekuatan Atas disebut "Sang Pencipta" karena Dia menciptakan segala sesuatu dan memelihara segala sesuatu, dan karena orang-orang yang menemukan Dia menyebut Dia "Sang Pencipta," dari kata Ibrani *Bo Re'eh* [datang dan lihat].

"Datang" berarti bahwa Anda dapat mendekat kepada-Nya melalui "kesetaraan bentuk," dengan menyamakan kualitas Anda dengan kualitas-Nya. Anda melakukan berbagai tindakan internal untuk mendekatkan diri kepada-Nya, untuk semakin merasakan-Nya. "Lihat" artinya Anda akan mengenal Dia. "Penglihatan," dalam Kearifan Kabbalah, adalah tingkat pencapaian tertinggi.

Secercah Cahaya

Taurat Berbicara dalam Bahasa Manusia

Dalam Kitab Suci ada ungkapan seperti "membawa kenikmatan kepada Sang Pencipta". Memangnya kenapa Sang Pencipta mengharuskan manusia bekerja untuk-Nya? Sungguh menjengkelkan bekerja untuk seseorang.

Masalahnya adalah "seseorang" ini adalah kekuatan umum Alam, yang mencakup saya, Anda, semua orang, dan apa pun yang dapat kita bayangkan, semuanya! Tidak ada yang lain selain kekuatan itu. Ketika seseorang bertindak dengan tujuan membawa kepuasan kepada Sang Pencipta, dia tidak melakukannya untuk orang lain, namun untuk mengungkapkan kepada dirinya sendiri dan orang lain kendali kekuatan tersebut atas seluruh Ciptaan.

Sang Pencipta tidak membutuhkan atau menerima apa pun dari siapa pun. [4]Dia adalah keinginan untuk memberi(bukan keinginan untuk menerima, seperti kita), itulah sebabnya Dia tidak dapat menerima apa pun dari kita. Kita tidak benar-benar harus melakukan "bantuan" apa pun kepada "Dia", misalnya bersatu dengan Dia atau mencintai Dia. Ada tertulis bahwa kita harus melakukannya, tetapi hanya karena "'Taurat berbicara dalam bahasa manusia."

Dalam perintah seperti, "Dan cintailah Tuhan, Allahmu," yang dimaksud hanyalah koreksi yang harus kita lakukan terhadap sifat-sifat kita, pada *kli* (keinginan/wadah) kita, untuk mendapatkan cinta Sang Pencipta, yang berarti didalam kesetaraan dengan Dia agar kita dapat merasakan keberlimpahan yang Atas.

> "Ketika kita memperbaiki *kelim [keinginan-keinginan/wadah-wadah]* penerimaan kita agar dapat memberi, maka kita menyamakan *Kelim* kita dengan Penciptanya dan menjadi layak untuk menerima kelimpahan-Nya tanpa batas."
>
> Baal HaSulam, *Kajian Sepuluh Sephirot*, Bagian I, "Refleksi Internal," butir 22

Akhir dari Suatu Tindakan Ada pada Pemikiran Awal

Ketika kita ingin membangun sebuah rumah, pertama-tama kita beralih ke arsitek. Dia menanyakan apa yang kita inginkan, dan kita perlu menjelaskan kepadanya rumah yang kita impikan: jumlah ruangan, gaya rumah, dan sebagainya. Arsitek menyarankan beberapa pilihan, membantu kita memutuskan, dan pada akhirnya gambaran rumah masa depan tercipta.

Tindakan pada setiap tahap sepanjang proses konstruksi berasal dari gambaran tersebut: bahan bangunan apa yang harus dibeli, apa yang harus dilakukan, kapan, dan bagaimana. Kita tidak memulai konstruksi sebelum kita memiliki rencana. "Akhir dari suatu tindakan ada pada pemikiran awal."

Itulah tepatnya cara kerja perkembangan Penciptaan. Sejak awal, bentuk akhir – keadaan kesempurnaan kita – sudah ada. Di sana, kita semua ada dalam tingkat kekekalan; kita semua dikoreksi, cantik, dan baik. Ini adalah akhir dari perjalanan.

Namun kemudian, tujuan itu tersembunyi dari kita dan kita memulainya dari awal. Mengapa? Jadi kita dapat mencapai tujuan itu melalui kerja keras kita sendiri, mencarinya sendiri, untuk menyadari bahwa inilah yang seharusnya dilakukan, dan bukan sebaliknya.

Dan ketika kita mencapai akhir, kita menemukan, "Wow! Kita sebenarnya sudah ada di sini. Sudah seperti itu sejak awal."

Pemikiran Penciptaan

> "Keseluruhan kenyataan ini, Atas dan bawah sebagai satu, dalam keadaan akhir dari akhir koreksi, terpancar dan diciptakan oleh Satu Pikiran. Pikiran Tunggal itulah yang menjalankan seluruh operasi, merupakan Esensi dari semua operasi, Tujuan akhir, dan Esensi dari kerja. Ini dengan sendirinya merupakan kesempurnaan dan imbalan yang dicari."
>
> Baal HaSulam, *Kajian Sepuluh Sephirot*, Bagian I, "Refleksi Batin," butir 8

Orang yang mengoreksi dirinya sendiri melihat karya Sang Pencipta dalam segala hal, tindakan Cahaya yang membangun tempat untuk diungkapkan kepada diri kita. Orang seperti itu melihat Cahaya itu sebagai Pikiran Penciptaan, sebagai satu pemikiran yang bekerja dalam realitas. Ia merasakan hakikat keberadaan segala sesuatu, memahami bagaimana pemikiran itu bekerja, mengubah segala sesuatu agar terungkap dalam setiap detailnya, dan dalam semuanya secara bersamaan.

Orang seperti itu akan menemukan bagaimana Cahaya bekerja pada semua orang secara internal, bagaimana Cahaya mengubah mereka, membersihkan mereka, menjadikan mereka lebih sensitif, dan mengembangkan kemampuan mereka untuk memahami dan mengamati lebih banyak tindakan-Nya terhadap mereka.

Mengkorelasikan Harapan

Pertanyaan: Bagaimana saya bisa menentukan mana rencana saya yang sesuai dengan rencana Sang Pencipta dan mana yang tidak, sebelum saya melaksanakannya?

Pertama, Anda harus memeriksa rencana Sang Pencipta dan menerapkannya ke dalam rencana Anda sendiri. Dalam hal ini pasti ada korelasinya, bukan sebaliknya.

Globalisasi Rohani

Sebuah Batu Loncatan

Jika kita ingin terus hidup di planet ini, kita perlu memeriksa diri kita sendiri dan mencapai perubahan yang sesungguhnya. Kita telah menghadapi krisis global di semua bidang kehidupan: ekologi, keamanan, keuangan, pendidikan, dan masyarakat. Krisis dunia yang menimpa kita juga terlihat pada tingkat pribadi. Ada masalah dalam setiap keluarga—dalam kesehatan, persediaan barang-barang, hubungan, pendidikan, dan komunikasi dengan anak-anak. Kekosongan dan depresi menyebar ke mana-mana, dan kekerasan meningkat. Tampaknya semuanya berantakan sekaligus.

Kearifan Kabbalah menjelaskan bahwa keadaan yang kita capai bukanlah suatu kebetulan. Hal ini telah ditentukan sebelumnya dalam rencana pembangunan umat manusia. Kita tidak bisa disalahkan atas apa pun; kita harus merosot ke titik terendah sepanjang masa. Kita berada di akhir "kemunduran generasi" yang diramalkan para Kabbalis dalam tulisan mereka. Akhirnya, kita telah mencapai titik balik, dan dari situlah pendakian menakjubkan menanti kita. Hanya krisis global yang bisa menjadi batu loncatan kita menuju kondisi kelimpahan dan kesejahteraan yang baru dan jauh lebih baik.

> "Kekuatan-kekuatan negatif yang terungkap ini adalah sebab-sebab dari perkembangan umat manusia, yang melaluinya umat manusia terus mendaki dan menanjak seolah-olah berada di anak tangga. Dan mereka pasti ditakdirkan untuk melakukan tugasnya, untuk membawa umat manusia ke tahap akhir pembangunan, yaitu keadaan yang dicita-citakan, yang bersih dari segala cacat atau kesalahan."
>
> Baal HaSulam, dari koran *The Nation*

Kehilangan Arah

Tidak ada seorang pun yang memahami apa yang terjadi di dunia ini, baik para pemimpin, orang bijak, maupun orang berkuasa. Tidak seorang pun. Selalu ada orang-orang yang mengira mereka tahu apa yang harus dilakukan, bagaimana mengubah dunia menjadi tempat yang lebih baik dan revolusi serta perubahan apa yang harus dilakukan, namun saat ini semua orang tidak mengerti.

Kita mengamati apa yang terjadi dan kita tidak berdaya; kita tidak punya kendali. Bahkan sistem yang kita bangun sendiri, seperti sistem ekonomi, sudah tidak terkendali. Kita menemukan uang, sistem perbankan, perusahaan asuransi, dan dana pensiun; namun, kita tidak dapat mengendalikan apa yang terjadi.

Tidak ada yang tahu apa yang akan terjadi besok, gelembung mana yang akan pecah dan menghancurkan perekonomian global. Tidak mungkin lagi mengendalikan egoisme manusia atau menghentikan korupsi, penggelapan, dan keserakahan. Kita sendiri yang merusak diri kita sendiri, dan tidak ada yang bisa kita lakukan untuk menghentikannya.

Era kita sangatlah istimewa – era pengungkapan kebatilan. Dan ketika penyakitnya tampak jelas, obatnya pun muncul—Kearifan Kabbalah.

Dua Jaringan Berlawanan

> "Ketika masing-masing individu memahami bahwa keuntungannya sendiri dan keuntungan kolektif adalah satu hal yang sama, maka dunia akan mengalami koreksi total."
>
> Baal HaSulam, "Perdamaian di Dunia"

Dunia telah menjadi sebuah desa global yang kecil. Akibatnya, kita dituntut untuk berperilaku sebagai bagian yang terintegrasi dalam suatu sistem. Tapi kita tidak.

Kabbalah mengatakan krisis global merupakan akibat dari benturan dua sistem yang berlawanan. Memang benar kita terhubung, tapi sebaliknya. Hubungan kita bersifat egois dan eksploitatif, bukan karena kepentingan bersama. Pembalikan ini menyebabkan proses-proses yang biasa kita lakukan—misalnya proses ekonomi—tiba-tiba menjadi tidak berfungsi. Kita mencoba mengelola sistem baru dengan aturan lama, dan inilah alasannya tidak berhasil.

Apa itu Globalisasi?

Kita cenderung menganggap globalisasi sebagai perluasan hubungan keuangan antar negara. Satu negara memproduksi mobil, negara lain berfokus pada pertanian, negara ketiga diberkati dengan sumber daya alam, dan negara keempat unggul dalam teknologi tinggi. Mereka berdagang satu sama lain dan semua orang mendapatkan keuntungan.

Menurut kearifan Kabbalah, globalisasi memang merupakan sebuah koneksi, namun tidak hanya pada tataran transfer barang dagangan, berbagi pengetahuan, atau ikatan budaya. Globalisasi merupakan sebuah koneksi internal, sebuah penyingkapan dari jaringan koneksi yang mengikat hati seluruh umat manusia di mana pun berada.

Saat ini, kita telah mencapai tingkat ego baru di mana jaringan koneksi di antara kita mulai muncul. Seolah-olah kita terikat satu sama lain dengan rantai besi. Sampai saat ini, kita berkeliaran dengan bebas, dan tiba-tiba kita terikat bersama. Sekalipun kita berhenti mentransfer barang dagangan di antara kita, jaringan itu akan tetap ada. Ini tidak dapat dibatalkan. Jaringan itu muncul hari ini dari dalam, tiba-tiba muncul dari bawah permukaan dan rapat mencengkeram kita masing-masing, menunjukkan kepada kita bahwa kita terhubung satu sama lain dengan tali batin yang tidak dapat dilepaskan. Kita selamanya terhubung.

Apa yang kita lakukan? Kita harus belajar bergaul di dunia baru ini. Semakin banyak kita mengetahui hukum global yang mengatur sistem tunggal, semakin sedikit dampak yang akan kita derita. Kita harus mempelajari kehidupan kita secara baru, belajar bagaimana memperlakukan segala sesuatu di sekitar kita dengan baik, dan bagaimana memperlakukan alam global.

> "Setiap individu dalam masyarakat ibarat sebuah roda yang dihubungkan dengan beberapa roda lainnya, ditempatkan dalam sebuah mesin. Dan roda tunggal ini tidak memiliki kebebasan bergerak, namun terus menggerakkan roda-roda lainnya ke arah tertentu, agar mesin memenuhi syarat untuk menjalankan fungsinya."
>
> Baal HaSulam, "Perdamaian di Dunia"

Tidak Ada Tempat untuk Berlari

Dalam keadaan krisis keuangan global, setiap negara berpikir betapa baiknya jika negara tersebut dapat memisahkan diri dari negara lain dan memiliki semua yang dibutuhkan untuk kelangsungan hidupnya, seperti yang terjadi seratus tahun yang lalu. Kita akan memutar kembali waktu, menjadikan segalanya seperti semula; kita akan mengenakan tarif impor yang tinggi, berdagang dengan negara lain hanya untuk kebutuhan minimal, dan membekukan koneksi bisnis. Kita akan hidup lebih sederhana, tapi setidaknya kita tidak terlalu bergantung pada orang lain.

Kita tidak menyadari bahwa tidak ada jalan untuk mundur, dan negara-negara yang memisahkan diri akan menanggung pukulan yang lebih besar. Mereka tidak akan mengerti dari mana datangnya hal-hal tersebut, padahal sebenarnya hal-hal tersebut berasal dari kekuatan alam yang inklusif. Ibarat ada bagian tubuh yang ingin melepaskan diri dari tubuh demi selamat dari penyakit yang menyerang tubuh. Bisakah itu ada dengan sendirinya?

> "Kita tidak bisa lagi berbicara atau menangani tindakan adil yang menjanjikan kesejahteraan satu negara atau satu bangsa, tapi hanya kesejahteraan seluruh dunia karena manfaat atau kerugian setiap orang di dunia bergantung dan bergantung pada hal tersebut. diukur dengan kemaslahatan semua orang di seluruh dunia."
>
> Baal HaSulam, "Perdamaian di Dunia"

Energi nuklir

Kekuatan energi nuklir telah diungkapkan untuk menunjukkan kepada kita betapa terhubungnya kita semua satu sama lain. Apa pun yang terjadi di salah satu ujung bumi akan berdampak pada semua orang, baik kita menginginkannya atau tidak, seperti yang ditunjukkan dengan jelas oleh bencana di Jepang. Di era energi nuklir yang sudah menyediakan 9% kebutuhan energi global, sangat jelas terlihat bahwa kita semua duduk dalam satu perahu.

Kita Membutuhkan Bantuan

Kita tidak akan mampu keluar dari krisis global sendirian. Semua solusi yang kita kenal hingga saat ini, dan semua solusi yang belum kita temukan, tidak akan membantu.

Mulai saat ini dan seterusnya, kecerdasan kita, emosi kita, dan pengalaman yang kita kumpulkan tidak akan membantu kita. Kita telah menemui jalan buntu, kebuntuan total dan menyeluruh—kehabisan nafsu egoistik.

Mulai sekarang, hanya hasrat global yang mendominasi, dan kita tidak tahu bagaimana menangani hasrat global. Jika saya bergantung pada Anda, dan Anda bergantung pada saya, dan kita semua bergantung pada semua orang, kita mempunyai masalah yang tidak ada solusinya. Pada akhirnya, kita mungkin saling menghancurkan.

Dalam realitas global yang terungkap, kita memerlukan bantuan dan pengetahuan baru jika ingin bertahan dan terus berkembang. Inilah sebabnya mengapa Kearifan Kabbalah terungkap saat ini.

> "Bukalah buku-buku ini dan Anda akan menemukan semua komentar baik yang muncul di hari akhir. Dari mereka Anda juga akan

menemukan pelajaran bagus untuk mengatur urusan sehari-hari hari ini."

Baal HaSulam, *Tulisan Generasi Terakhir*

Semua Orang Akan Merasakannya

Sepanjang sejarah, kita telah bertolak belakang dengan akar kita, berlawanan dengan Sang Pencipta, karena sifat kita yang egois, sedangkan sifat Sang Pencipta adalah cinta dan memberi. Namun, karena ego kita kecil, pertentangan itu tidak membuat kita terlalu menderita. Kita mempunyai masalah dan kesulitan, namun dimensinya tidak seglobal sekarang. Kini, ego kita telah berkembang hingga tingkat akhir dan menjadi ego global tunggal. Inilah sebabnya mengapa setiap orang dari kita tiba-tiba mengalami lebih banyak rasa sakit.

Mari kita jelaskan masalah ini lebih dalam.

Cahaya menyebar dari Sang Pencipta dan melintasi seluruh "Dunia Atas". Dunia adalah rantai penyembunyian, rantai filter yang menghilangkan Cahaya. Akhirnya, hanya setitik kecil Cahaya yang mencapai kita. Ketika kita egois, tidak serupa dengan Cahaya, kita menderita sesuai dengan besarnya kesenjangan antara percikan Cahaya dan ego kita.

Hingga saat ini, masing-masing dari kita adalah individu yang egois, unit terpisah yang bertentangan dengan Cahaya. Inilah sebabnya mengapa penderitaannya tidak begitu parah.

Kita menenangkan diri dengan berpikir bahwa semua orang menderita, Itu adalah hidup, kita harus menjalaninya dan memenuhi kebutuhan hidup. Namun kini kita telah memasuki tahap baru: kita berada di dunia global. Apa bedanya? Sederhana: sekarang kita semua terhubung.

Mulai saat ini, setiap orang akan semakin merasakan keseluruhan pertentangan kita dengan Cahaya. Masing-masing dari kita akan mengalami rasa sakit, kehampaan, dan ketidaknyamanan dalam hidup. Ini adalah Hukum Keberadaan dari sistem lengkap yang terungkap. Namun, secara spesifik, tingkat pertentangan yang begitu kuat mengarah pada permulaan proses kesetaraan dengan Cahaya.

> "Perdamaian dunia dan pengetahuan tentang
> Tuhan adalah satu hal yang sama."
>
> Baal HaSulam, "Kedamaian"

Semuanya dalam Ukuran Raksasa

Di dunia global, setiap tindakan menimbulkan konsekuensi global. Contoh sempurna dari sistem global adalah tubuh manusia. Setiap organ mempunyai peranan dalam kerangka fungsi tubuh secara umum. Sedikit penyumbatan pada tabung apa pun sudah cukup untuk menyebabkan serangkaian kerusakan. Cobalah mengingat saat ketika Anda mempunyai masalah yang tampaknya kecil, misalnya pada kuku kaki Anda. Bagaimana pengaruhnya terhadap perasaan Anda secara keseluruhan pada tubuh Anda?

Kita bisa belajar dari contoh tersebut betapa kuatnya tindakan masyarakat di dunia global. Dalam sistem seperti itu, ada kemungkinan untuk kehilangan banyak waktu, atau menang banyak. Di mana lagi Anda bisa menemukan bank yang akan memberi Anda bunga tujuh miliar "persen" untuk setiap investasi?

Masa Depan Umat Manusia

Sekalipun kita masih belum merasakan pentingnya dunia global yang kita masuki, intensitas ikatan di antara kita akan segera terlihat.

Untuk saat ini, kita bisa berpikir seperti ini: Setiap orang di dunia ini memegang katup oksigen orang lain. Jika ada yang tidak membukakan katup untuk saya, saya tidak akan mendapat udara. Contoh ini berlaku bagi kita semua.

Yang menentukan apakah orang akan membuka atau menutup katup adalah sikap mereka terhadap saya. Saya tidak bisa memaksa mereka untuk membukanya; hanya cinta yang akan membuat mereka melakukannya. Di dunia seperti ini, kita tidak akan bisa bertahan hidup tanpa saling peduli.

Kekurangan atau Kelimpahan

Jika kita bersatu dalam cinta dan kepedulian bersama, dunia akan penuh dengan kelimpahan dan tidak ada seorang pun yang kekurangan apa pun. Hal ini karena kekurangan atau kelimpahan merupakan akibat dari cara kita beradaptasi terhadap Cahaya Atas yang turun ke dunia kita.

Konsekuensi dari kesesuaian kita dengan Cahaya atau kurangnya Cahaya terwujud pada semua tingkat Alam—benda mati (diam), tumbuh-tumbuhan, bergerak, dan manusia (berbicara).

Gempa bumi, angin topan, banjir, kebakaran, serta masalah depresi, disfungsi keluarga, dan kehancuran perekonomian global semuanya berasal dari kurangnya kesesuaian kita dengan Cahaya.

Ternyata pengendalian situasi dunia ada di tangan kita.

Tingkatan Berbicara

Keberadaan Tanpa Batas

Kita telah berkembang dari generasi ke generasi, dan sekarang kita sudah agak kenyang. Pertanyaan mengenai makna keberadaan muncul pada banyak orang, yang merasa mustahil untuk terus hidup tanpa tujuan tanpa mengetahui tujuan hidup. Liburan, hobi, dan suguhan hidup lainnya memang sangat menyenangkan, tetapi masih ada yang kurang.

Kabbalah mengajarkan kita bahwa sebagaimana terdapat tingkatan diam, vegetatif, bintang, dan berbicara dalam evolusi Alam, derajat yang sama juga terdapat dalam umat manusia. Semua yang kita lalui hingga saat ini adalah bagian dari perkembangan umat manusia pada tingkat diam, tumbuh-tumbuhan, dan hidup, sedangkan saat ini kita berada pada permulaan derajat berbicara, suatu tingkatan yang benar-benar baru.

Dalam keadaan benda mati, vegetatif, dan binatang, kita hidup di dalam diri kita sendiri. Tentu saja, kita juga merasakan orang lain, namun mereka nampaknya berada di belakang, siap melayani kami. Kita mendekati mereka atau menjauhkan diri dari mereka sesuai dengan cara ego kita menilai situasi, bahkan jika kita tidak menyadarinya.

Pada tingkat berbicara, kita hidup dalam kesatuan dengan orang lain. Hal ini memberi kita persepsi yang sangat berbeda tentang realitas, mengubah manusia menjadi makhluk yang benar-benar baru. Kita mulai merasakan kehidupan bukan di dalam diri kita, melainkan di luar diri kita. Dalam keadaan seperti itu, kehidupan tidak akan terbatas pada beberapa dekade saja. Kita dimaksudkan untuk naik ke tingkat spiritual tersebut – tingkat berbicara – selama hidup kita di dunia ini. Kemudian, bahkan ketika tubuh kita yang bernyawa tidak ada lagi, keberadaan rohani kita akan terus berlanjut.

> "Spiritualitas tidak bergantung pada waktu dan tempat, dan tidak ada kematian di sana."
>
> Baal HaSulam, *Tulisan Baal HaSulam*, "Dari Dalam Dagingku Aku Akan Melihat Tuhan"

Jiwa Kolektif

Setiap sel dalam tubuh kita ada hanya untuk memungkinkan kehidupan bagi seluruh tubuh. Tidak ada sel atau organ dalam tubuh yang memikirkan dirinya sendiri. Masing-masing organ tubuh berfungsi hanya untuk memenuhi kebutuhan tubuh, dan oleh karena itu tubuh tetap hidup.

Jika kita terhubung di antara kita seperti sel-sel dalam tubuh, dengan kesadaran, kita akan mulai merasakan kehidupan "tubuh kolektif" yang kita semua miliki. Sistem koneksi yang akan kita bangun di antara kita akan disebut "jiwa kolektif", dan di dalamnya kita akan merasakan kehidupan spiritual.

Dari Koneksi Virtual ke Koneksi Spiritual

Pertanyaan: Menurut saya orang lebih suka berkomunikasi melalui email dan pesan teks daripada berbicara satu sama lain. Mengapa demikian?

Hal ini terjadi karena ego telah berkembang sedemikian rupa sehingga kita lebih memilih hubungan yang lebih virtual dengan orang lain. Bukannya kita tidak mau yang lain, tapi kita merasa lebih nyaman jika berkomunikasi lewat pesan teks atau layar komputer. Dengan cara ini kita tidak mempunyai kontak dengan tubuh satu sama lain atau bentuk luarnya, dan kita lebih suka dengan cara ini.

Untuk memahami mengapa hal ini terjadi, kita perlu mengetahui akar dari fenomena tersebut. Keinginan untuk menerima berkembang dalam diri kita, dan ingin melampaui derajat yang binatang, derajat tubuh. Tingkatan Binatang yang tidak memberi kita apa-apa lagi; itu tidak memberi kita kontak apa pun dengan orang lain.

Kita mencari koneksi yang lebih internal dengan orang lain, dan sementara itu kita beralih ke koneksi virtual. Hal ini menjelaskan revolusi yang diciptakan oleh Internet, dan mengapa semua orang begitu tertarik pada Internet dan media sosial. Meskipun jejaring sosial dan forum-forum biasanya penuh dengan omong kosong akhir-akhir ini, dan tentu saja tidak memberikan kepuasan nyata dalam hubungan tersebut, bagaimanapun juga, ini adalah tingkat hubungan tertentu, dan kita menjadi kecanduan.

Pada tingkat berikutnya, koneksi virtual tidak akan memuaskan kita dan kita menginginkan koneksi yang lebih dalam. Kita akan merasakan kebutuhan untuk terhubung dengan orang lain secara internal, pada tingkat berbicara.

Puncak Evolusi

Sudah menjadi rencana Alam untuk memimpin derajat tertingginya, umat manusia, menuju perkembangan maksimal, sehingga kesadaran akan "Siapakah saya?" "Siapakah aku ini?" "Mengapa, di mana, bagaimana, untuk apa?" tumbuh di dalam diri kita. Inilah puncak evolusi yang menjadi tujuan segala sesuatu sejak awal Penciptaan.

Ketika kita mengembangkan tingkat berbicara dalam diri kita, kita mencapai segala sesuatu yang terjadi di Alam dan mengungkapkan rencana perkembangan yang menyeluruh. Kita menjadi seperti kekuatan yang mengelilingi seluruh Alam, dan kita mengendalikan semua yang terjadi di Alam dengan perasaan, pemahaman, dan pengetahuan kita.

> "Tujuan penciptaan tidak berlaku pada benda mati dan benda besar, seperti bumi, bulan, atau matahari… juga tidak berlaku pada tumbuhan atau binatang… Melainkan umat manusia saja… setelah mereka membalikkan keinginan mereka

untuk menerima menjadi keinginan untuk memberi, dan mencapai kesetaraan bentuk dengan Penciptanya, menerima semua derajat yang telah disiapkan bagi mereka di Dunia Atas."

Baal HaSulam, "Pengantar Kitab Zohar," Butir 39

Enam Ribu Tahun

Sekitar 5.774 tahun yang lalu, manusia pertama mencapai tingkat berbicara. Banyak generasi yang hidup sebelum dia hidup tanpa kesadaran spiritual. Dia adalah orang pertama yang mengembangkan keinginan untuk mencapai apa yang ada di luar batas dunia ini.

Namanya Adam, dari kata *Adame LaElyon* [5](Aku akan menyerupai Yang Maha Tinggi), dan dia mewakili keinginan manusia untuk menyerupai Sang Pencipta. Dia adalah Kabbalis pertama, dan buku Kabbalistik pertama, *Angel Raziel*, dikaitkan dengannya. Arti dari judulnya adalah "Kekuatan yang tersembunyi," berkaitan dengan kekuatan komprehensif dari Alam yang mengatur kita namun tersembunyi dari kita.

Hari dimana Adam mulai mengungkapkan Sang Pencipta disebut "Hari penciptaan dunia." Ini adalah saat umat manusia menyentuh dunia spiritual untuk pertama kalinya, itulah sebabnya mengapa ini adalah titik awal kalender Ibrani. Menurut rencana Alam, dalam waktu paling lama enam ribu tahun, semua orang harus mencapai tingkat berbicara.⁶

> "Seluruh umat manusia pada akhirnya berkewajiban untuk mencapai perkembangan yang sangat besar ini."
>
> Baal HaSulam, "Esensi Kearifan Kabbalah"

Tidak terhingga—Tanpa batas

Kita hidup dalam satu realitas yang tampaknya terbagi menjadi dua bagian: terungkap dan tersembunyi. Bagian yang terungkap dirasakan oleh panca indera yang kita miliki sejak lahir. Bagian yang tersembunyi hanya bisa terungkap ketika kita mengoreksi keinginan kita terhadap orang lain.

Ada tingkatan persepsi dalam mengungkap bagian yang tersembunyi. Proses bertahap itu dapat dibandingkan dengan seseorang yang hampir tidak melihat apa pun tanpa kacamatanya, dan bisa melihat baik-baik saja dengan kacamatanya; dia bisa melihat jauh dengan teropong, dan dengan teleskop dia bisa mengamati bintang-bintang. Semua instrumen ini meningkatkan penglihatannya.

Demikian pula, kita dapat meningkatkan persepsi kita terhadap realitas, yang saat ini tersembunyi, dengan meningkatkan koreksi terhadap *kli* (wadah) persepsi kita, yaitu keinginan kita. Setiap koreksi tambahan semakin

Tingkatan Berbicara

mengungkapkan kenyataan kepada kita. Dengan cara inilah hal yang tersembunyi menjadi terungkap.

Ketika kita mengungkap seluruh realitas, kita dianggap telah kembali ke *Adam HaRishon*, ke *Ein Sof* [tak terhingga]. Apa itu *Ein Sof*? Ini adalah tanpa batas, di mana segala sesuatunya terbuka di hadapan kita. Semua keinginan kita seratus persen terkoreksi dan penuh dengan Cahaya *Ein Sof*.

> "Nama-nama ini, 'terungkap' dan 'tersembunyi', bukanlah nama-nama permanen, yang diterapkan pada suatu jenis pengetahuan tertentu, seperti yang dipikirkan oleh orang-orang yang tidak berpendidikan. Sebaliknya, mereka hanya berlaku pada kesadaran manusia. Artinya, semua konsep yang telah ditemukan dan diketahui seseorang melalui pengalaman nyata, manusia menyebutnya 'terungkap', dan semua konsep yang belum dikenali dengan cara ini, manusia menyebutnya 'tersembunyi'."
>
> Baal HaSulam, "Jiwa dan Raga"

Orang Tua, Anak dan Pendidikan

Generasi Baru

Generasi saat ini adalah generasi yang sangat istimewa. Hal-hal yang biasa kita lakukan tidak menarik bagi generasi muda. Mereka secara tidak sadar merasa bahwa gaya hidup kita tidak akan memuaskan mereka, dan itu bukanlah tujuan yang layak untuk dijalani.

Mereka mempunyai keinginan-keinginan baru yang tidak dapat kita kendalikan. Anak-anak ini tampak hiperaktif bagi kita, jadi kita memberi mereka Ritalin, tanpa menyadari bahwa kegelisahan mereka bukanlah suatu penyakit. Ini adalah proses alami pertumbuhan ego, yang memerlukan metode pemenuhan baru. Generasi muda saat ini tidak bisa puas dengan apa yang membuat kita puas. Mereka membutuhkan peningkatan, metode pendidikan baru, kehidupan lain.

Setiap generasi membawa akumulasi kesan dari segala sesuatu yang dialami generasi sebelumnya. Begitulah yang selalu terjadi. Namun saat ini kita berada pada titik balik sejarah dalam seluruh perkembangan manusia. Kita berada di ambang kehidupan di alam yang lebih tinggi. Oleh karena itu, generasi ini sudah dibebani kesadaran bahwa hidup seperti sekarang berarti menyia-nyiakan hidup. Seolah-olah mereka sudah melaluinya dan tidak ingin mengulanginya lagi.

Kekosongan Batin

Anak-anak masa kini dilahirkan dengan kebutuhan bawaan untuk memahami makna kehidupan. Kebutuhan yang tidak terpenuhi tersebut menciptakan kekosongan dalam diri mereka, itulah sebabnya mereka seolah-olah tidak tahu apa yang harus dilakukan terhadap diri mereka sendiri. Mereka memandang kita sebagai orang dewasa dengan pandangan meremehkan karena kita tidak dapat memberikan apa yang mereka butuhkan. Bahkan *mereka* tidak tahu apa yang diinginkannya, dan tentunya tidak bisa mengungkapkannya dengan jelas. Namun, hal ini tidak mengubah fakta bahwa kekosongan masih ada.

Karena tidak adanya pilihan lain, mereka beralih ke narkoba dan alkohol. Mereka tidak bisa disalahkan; kekosongan batin di dalamnya begitu luas sehingga mereka harus mengisinya dengan sesuatu. Hal inilah yang mereka coba lakukan agar mereka dapat melanjutkan hidup, dan inilah yang menjadi akar krisis pendidikan global.

Dalam situasi ini, memberi mereka pendidikan yang sedikit lebih baik tidak akan membantu, begitu pula permainan yang lebih canggih. Tidak ada yang bisa memuaskan mereka selain jawaban atas pertanyaan mendasar: "Mengapa kita hidup?" Sebagai orang tua, kita harus memahami kekurangan anak kita. Pada tingkat terdalamnya, mereka menunjukkan kepada kita semangat mereka untuk menembus batas-batas dunia ini.

Pengetahuan Tidak Sama dengan Pendidikan

Sayangnya, sistem pendidikan tidak benar-benar terlibat dalam "pendidikan." Hal ini membekali anak-anak dengan sejumlah pengetahuan tertentu dalam membaca dan menulis, fisika, kimia, dan sejarah, namun tidak mendidik atau menjadikan mereka manusia. Hasilnya berbicara sendiri.

Hal ini jelas bagi siapa pun yang memperhatikan kurikulum. Berapa banyak waktu yang dicurahkan untuk diskusi dan dialog? Sarana apa yang digunakan guru untuk mendidik? Semuanya diukur dari banyaknya ilmu yang ditanamkan ke otak anak, itu saja. Ini adalah industri nilai. Anak-anak kita berubah menjadi robot yang tahu cara melaksanakan tugas-tugas profesional tertentu, dan dengan demikian menjadi darah segar bagi pasar kerja, yang dikendalikan oleh politisi dan elit keuangan.

Perhatian utama sekolah adalah untuk "menghasilkan" seseorang yang tahu bagaimana melakukan sesuatu, menjadi insinyur, pekerja, apa saja. Tapi tidak ada yang peduli dengan orang yang melakukan tugas tersebut. Hal ini berasal dari fakta bahwa *modus operandi* sekolah saat ini berkembang selama Revolusi Industri. Sekolah menjawab kebutuhan untuk mengubah petani menjadi pekerja, mengajari mereka literasi dasar, matematika, dan teknik sehingga mereka tahu cara mengoperasikan mesin dan membaca instruksi. Sayangnya, sekolah *masih* menerapkan pendekatan tersebut.

Namun saat ini, kita telah mencapai tahap di mana kita harus beralih ke sistem yang benar-benar mendidik. Ini tidak ada hubungannya dengan seberapa banyak pengetahuan seorang anak tentang topik ini atau itu; hal ini berkaitan dengan sejauh mana seorang anak tumbuh menjadi "manusia", dan menjadi "manusia" berarti bersatu dengan orang lain.

Sekolah Masa Depan

"Kami tidak melakukan inovasi apa pun.
Pekerjaan kami hanya untuk menerangi apa yang tersembunyi dalam diri manusia."

Rabi Menachem Mendel dari Kotzk

Kita perlu mengubah sekolah menjadi tempat di mana anak-anak menghabiskan waktu dengan menyenangkan karena manusia tidak dapat berkembang melalui penindasan. Ketika seseorang tertindas, dia akan menutup diri dan menyusut, dan itulah yang terjadi pada pelajar saat ini. Anak-anak membutuhkan kebebasan untuk berkembang. Mereka harus menemukan tempat mereka di dunia dan tujuan mereka sendiri, dan keputusan-keputusan ini harus datang dari dalam diri mereka.

Jiwa itu Awet Muda

Kita harus memperlakukan anak-anak sebagai orang dewasa. Anak-anak tidak membutuhkan kelakuan kita yang lembek terhadap mereka. Sebaliknya, mereka ingin merasa seperti kita. Meskipun secara fisik mereka masih anak-anak, di dalam hati mereka adalah orang dewasa, dan mereka mempunyai mata orang dewasa yang memandang ke arah kita.

Ketika kita membawa anak ke suatu tempat, hendaknya kita menjelaskan ke mana kita akan pergi, mengapa, dan apa yang akan kita lakukan di sana. Kita harus berkonsultasi dengan mereka dan memperlakukan mereka sebagai orang dewasa. Jika kita berperilaku seperti itu, maka anak akan mendapatkan kebahagiaan yang luar biasa. Memang, bagi mereka, "menjadi dewasa" adalah permainan paling menyenangkan yang pernah ada!

Dunia Baru, Pola Baru

Pada saat tertentu, baik anak-anak maupun orang dewasa bertindak berdasarkan pola pikir dan perilaku yang mereka lihat sebelumnya dalam kehidupan mereka. Sikap mereka, gaya bicara, pakaian, dan segala sesuatunya ditentukan oleh apa yang mereka lihat pada orang lain. Dimulai dari Ayah dan Ibu, lalu teman dekat, TV, Internet, dan lain sebagainya.

Dalam setiap situasi kehidupan, kita meniru pola perilaku yang kita lihat sebelumnya. Kita mengambil pola tertentu dari "bank pola" kita dan memerankannya, sama seperti aktor di teater.

Saat ini, dalam realitas baru di mana kita semua saling terhubung, kita perlu memberikan perspektif baru kepada masyarakat: perdamaian dunia adalah kedamaian saya; kesuksesan dunia adalah kesuksesanku. Itulah perilaku dan pola pendidikan di dunia baru.

Cintai Temanmu Seperti Dirimu Sendiri

Kelimpahan

Saat ini semakin banyak orang yang jatuh ke dalam depresi dan keputusasaan, melarikan diri ke narkoba, alkohol, obat penenang, dan sejenisnya. Ini adalah fenomena dunia yang belum pernah terjadi sebelumnya yang terjadi karena ketidakpuasan yang merajalela.

Apa penyebab kurangnya kepuasan ini? Hal ini muncul dari kenyataan bahwa keinginan akan kesenangan terus meningkat, menuntut pemenuhan yang semakin banyak yang tidak dapat kita berikan. Oleh karena itu, kita tetap kosong. Kekosongan terasa di dalam diri kita seperti rasa lapar fisik. Memang benar, ketidakpuasan adalah kegelapan abad ke-[21].

Kearifan Kabbalah menawarkan solusi terhadap ketidakberdayaan ini. Hal ini menjelaskan bahwa tidak ada cara langsung untuk memenuhi keinginan akan kesenangan, sehingga kita harus naik ke tingkat pemenuhan yang lain. Kita dapat menemukan kesenangan dalam jenis kepuasan yang selalu tersedia bagi kita—yaitu cinta dan pemberian.

Cintai Temanmu Seperti Dirimu Sendiri

Ada dua hal yang berlawanan di sini: Tepatnya ketika saya mendapatkan cinta orang lain, saya menjadi bebas. Mengapa? Karena aku selalu bisa mencintai orang lain dan melimpahkan kepada mereka. Tidak ada yang membatasi saya dalam hal itu. Dalam keadaan seperti itu, saya dapat terus memperoleh kesenangan dari tindakan saya.

Hal ini menimbulkan pertanyaan, "Seandainya saya benar-benar ingin mengasihi orang lain dan memberi kepada mereka, apakah saya mempunyai sesuatu untuk diberikan? Lagi pula, saya sulit memenuhi kebutuhan saya sendiri, apalagi kebutuhan orang lain."

Memang benar, para Kabbalis (orang-orang yang telah melalui proses bangkit dari cinta diri menjadi cinta terhadap orang lain), mengatakan bahwa saat kita mulai mencintai dan memberi kepada orang lain, kita dipenuhi dengan kelimpahan dari atas, Cahaya dari Tuhan. Pencipta, yang dapat kita transfer kepada orang lain tanpa batas.

Dalam keadaan rohani itu, kesenangan memenuhi kita, karena kita ingin memenuhi orang lain. Kita tenggelam dalam kebaikan sejati, yang tidak terbatas, dan seluruh perhatian kita adalah untuk melimpahkannya kepada orang lain. Tindakan kita menjadi serupa dengan tindakan Sang Pencipta; kita menjadi mitra-Nya dalam tindakan-Nya, dalam penciptaan, dan seperti Dia, kita menikmati keutuhan dan keabadian, perasaan tertinggi dalam kenyataan.

Di sini kita dapat mulai memahami bahwa "Cintailah sahabatmu seperti dirimu sendiri" bukan sekedar slogan naif yang berbicara tentang sopan santun. Melainkan, ia merupakan sarana, pendorong, batu loncatan untuk melompat menuju derajat Sang Pencipta.

> "Ketika seseorang mulai mencintai orang lain, dia berada dalam *Dvekut* [adhesi] langsung, yaitu kesetaraan wujud dengan Sang Pencipta. Bersamaan dengan itu, manusia berpindah dari dunianya yang sempit, penuh dengan kesakitan dan rintangan, menuju dunia memberi yang kekal dan luas kepada Tuhan dan manusia."
>
> Baal HaSulam, "Hakikat Agama dan Tujuannya"

Ibarat Ibu dan Anak

Ketika seorang anak kecil ingin makan, minum, bermain, atau berjalan-jalan, ibunya siap melayaninya. Ibu merasa anak merupakan bagian yang tidak terpisahkan dari dirinya. Lebih tepatnya, anak adalah elemen kunci dalam sistem hasrat ibu, oleh karena itu ia memberikan segalanya. Begitulah Alam menyebabkan para ibu memperlakukan anaknya demi menunjang perkembangan kehidupan.

Untuk merasakan dunia spiritual, kita harus memperlakukan orang lain serupa dengan bagaimana seorang ibu memperlakukan anak-anaknya. Ini merupakan proses bertahap, dan meskipun sulit bagi kita untuk membayangkannya—bahwa saya lebih ingin memenuhi keinginan orang lain daripada keinginan saya sendiri—namun, jauh di dalam diri kita, sikap seperti itu ada. Ada "kepribadian" rohani yang melekat dan berakar dalam diri kita. Ketika kita mencoba membangunkannya melalui studi Kabbalah, ia muncul dari penyembunyiannya dan mulai bertumbuh.

Berhubungan dengan Diri Sendiri kepada Seluruh Ciptaan

Apa yang harus saya lakukan jika organ dalam tubuh saya tidak berfungsi dan saya tidak dapat membuatnya berfungsi? Saya mencari cara tidak langsung untuk mengembalikannya ke fungsi normal. Ketika bagian tersebut telah diperbaiki, seolah-olah saya telah memperolehnya kembali.

Inilah cara kami bekerja dengan "Kasihilah temanmu seperti dirimu sendiri." Kita mengaitkan seluruh Ciptaan dengan diri kita sendiri, mengembalikan semua bagiannya kepada kita. Kita tidak benar-benar berupaya untuk mencapai orang lain, melainkan belajar bagaimana memperlakukan dengan baik bagian-bagian yang kemudian terungkap sebagai milik kita.

> "Yang Anda butuhkan hanyalah mengumpulkan semua organ yang menyusut yang telah jatuh dari jiwa Anda, dan menggabungkannya menjadi satu tubuh. Di dalam tubuh itu... sumber kecerdasan agung dan aliran Cahaya agung akan bagaikan sumber air yang tidak pernah berakhir, dan tempat mana pun yang Anda lihat akan diberkati.
>
> Baal HaSulam, Surat No.4

Satu Hukum

Bayangkan tujuh juta orang berada dalam keadaan cinta, persatuan, dan *Arvut* (saling menjamin). Anda tidak perlu mencari penjamin untuk mendapatkan pinjaman bank, dan tidak perlu menyembunyikan apa pun dari orang lain. Tidak seorang pun harus menjaga harta miliknya atau menetapkan batasan. Tidak perlu mengatur semuanya, sama seperti kita tidak perlu mengatur bagaimana ibu harus memperlakukan bayinya. Cinta mengarahkan mereka secara alami. Ketika ada cinta, maka tidak diperlukan hukum lain selain Hukum Cinta.

Sulit bagi kita untuk menerima betapa segala sesuatunya bisa begitu sederhana jika kita memperoleh sifat-sifat cinta dan pemberian. Kita tidak perlu mengawasi siapa pun atau menyebutkan apa pun kepada siapa pun. Masing-masing dari kita hanya akan mencari cara untuk memberi manfaat bagi orang lain, dan sebagai balasannya akan menerima kesenangan spiritual yang tak terhingga.

> "Ketika seseorang memperoleh sifat kedua, yang merupakan memberi kepada orang lain… kita akan terbebas dari semua belenggu Ciptaan… seseorang mendapati dirinya berkeliaran bebas di dunia Sang Pencipta . Dan dia dijamin bahwa tidak akan ada kerusakan atau kemalangan yang menimpanya."
>
> Baal HaSulam, "Hakikat Agama dan Tujuannya"

Laki-laki dan perempuan

Dua yang Berlawanan

Perbedaan besar antara pria dan wanita di dunia kita berasal dari akar spiritual yang tinggi.

Dalam dunia spiritual, "laki-laki" adalah kekuatan pemberi, dan "perempuan" adalah kekuatan penerima. Keduanya adalah dua bagian ciptaan yang sama pentingnya, namun berlawanan esensinya. Tujuan Penciptaan adalah agar mereka bersatu menjadi satu, yang Kabbalah istilahkan sebagai "pasangan." Namun, meski hal itu terjadi, perbedaan di antara keduanya tetap ada.

Pria, Wanita, dan Cinta

Di dunia kita, segalanya didominasi oleh ego, kekuasaan, dan kendali. Di dunia seperti ini, status perempuan tampaknya menjadi nomor dua karena laki-laki secara alami memiliki lebih banyak kekuasaan, kebebasan, dan kemandirian.

Laki-laki biasanya lebih kuat secara fisik dan menempati posisi yang belum tentu mereka layak dapatkan, dan merekalah yang mengambil sebagian besar keputusan. Dalam banyak kasus, perempuan memperlakukan mereka seperti seorang ibu memperlakukan anak-anaknya, dengan memaafkan mereka menyingkir untuk memberikan ruang bagi mereka. Beginilah cara dunia beroperasi secara tidak adil.

Kearifan Kabbalah berbicara tentang dunia yang sama sekali berbeda, dunia berlawanan di mana segala sesuatu beroperasi berdasarkan kekuatan cinta dan pemberian, yang menjembatani segala pertentangan dan perbedaan.

Dengan pergeseran dari kecenderungan egois ke cinta dan pemberian, kita akan melihat dunia di mana perempuan memainkan peran utama, seperti yang dijelaskan dalam Kearifan Kabbalah. Di dunia spiritual, wanita melambangkan *Sephira Malchut*, yang merupakan pusat Penciptaan. Semuanya ditujukan untuknya, karena kelahiran dan berkembangnya dunia baru berasal darinya.

Hubungan Spiritual

> "Jika laki-laki dan perempuan diberi imbalan, maka Ketuhanan ada di antara mereka."
>
> *Talmud Babilonia, Suttah*, 17a

Pasangan dapat memanfaatkan hubungan mereka untuk perkembangan spiritual jika mereka ingin merasakan kekuatan ikatan—Sang Pencipta—dalam segala hal yang terjadi di antara mereka, dan jika mereka berniat agar Dia mempersatukan mereka menjadi satu.

Dalam hubungan spiritual antara pria dan wanita, pasangan mempunyai keinginan bersama untuk menemukan

Sang Pencipta. Masing-masing dari mereka berhubungan satu sama lain sebagai mitra yang disediakan Sang Pencipta dalam proses itu, dan mereka memperlakukan yang lain sebagai bagian yang melaluinya mereka akan mewujudkan diri mereka sendiri.

Ketika mereka mencoba berhubungan satu sama lain melalui Sang Pencipta, mereka mulai merasa bahwa Sang Pencipta mengisi kesenjangan di antara mereka. Dia datang dan mengikat mereka, dan kemudian keluarga mereka menjadi sangat berbeda, sebuah keluarga yang berbeda dari dunia ini.

Menjadi seorang Pria

Dalam spiritualitas, orang yang meniadakan dirinya sendiri dianggap laki-laki. Hal ini bertentangan dengan gambaran macho di dunia kita yang menghormati mereka yang mendominasi dan memerintah semua orang di sekitarnya. Dalam spiritualitas, maskulinitas bukanlah tentang mengalahkan orang lain, namun mengatasi diri sendiri, sifat Anda sendiri, untuk memberikan ruang bagi Cahaya yang mengoreksi untuk bertindak atas Anda.

Tentang Kenikmatan, Cahaya, dan *Kli* (Wadah)

Pertanyaan: Mengapa orang begitu tertarik pada seks?

Di dunia spiritual, jiwa berada dalam keadaan "berpasangan" dengan Cahaya. Ini adalah ikatan antara dua bagian Ciptaan, sisi perempuan dan sisi laki-laki, dan ini menimbulkan rasa kenikmatan yang paling intens dalam kenyataan. Keterikatan fisik di dunia material melambangkan keterhubungan spiritual. Inilah sebabnya mengapa seks dianggap sebagai akar dari semua hasrat di dunia kita, dan menyibukkan kita.

Kenikmatan seks di dunia kita dengan jelas menggambarkan perbedaan antara kenikmatan jasmani dan kenikmatan spiritual. Orang-orang terlalu banyak berpikir tentang seks dan membayangkan kenikmatan luar biasa yang akan datang, namun ketika momen klimaks – momen kepuasan – akhirnya tiba, kenikmatan itu hilang dan lenyap seketika. Kemudian, pengejaran kesenangan berikutnya dimulai.

Sebaliknya, pasangan spiritual adalah pasangan yang terus-menerus tumbuh semakin kuat, memberi orang perasaan hidup yang kekal. Secara tidak sadar, dari dalam jiwa, kita semua hanya mendambakan pasangan itu, karena itulah sebabnya kita diciptakan.

Kekurangan dan Pemenuhan

Hatiku Kosong

Pertanyaan: Manusia mempunyai banyak keinginan dan cita-cita. Mereka berlarian, bekerja, maju, dan sukses. Namun mengapa bahkan ketika kita memuaskan keinginan besar kita merasa hampa, tanpa makna?

Kearifan Kabbalah mengajarkan kita bahwa segala sesuatu yang diciptakan oleh Cahaya (Sang Pencipta) adalah keinginan akan kesenangan. Jadi hanya ada dua elemen dalam Penciptaan: Cahaya dan hasrat, pemenuhan dan kekurangannya, atau dalam istilah yang lebih sederhana—kesenangan, dan hasrat akan kesenangan.

Dari keadaan awal yang disebut "dunia abadi", hasrat yang diciptakan mengalir turun ke dunia ini di mana ia mulai berkembang secara bertahap—benda mati, vegetatif, binatang, dan berbicara/manusia.

Manusia memiliki hasrat yang dianggap sebagai "keinginan fisik", seperti hasrat akan makanan, seks, dan keluarga, serta "keinginan manusia", seperti hasrat akan uang, kehormatan, kekuasaan, dan pengetahuan. Keinginan manusia datang kepada kita dari lingkungan sekitar kita, dan kita berkembang melaluinya.

Secercah Cahaya

Pada akhir perkembangan keinginan manusia, manusia mulai merasakan kehampaan. Namun, bahkan sebelum itu, kita merasakan kekurangan tertentu, misalnya soal uang. Kemudian, setelah tercapai, kita beralih ke menerima rasa hormat. Dari rasa hormat, kita beralih mencari kekuasaan, dan dari kekuasaan ke pengetahuan. Inilah cara kita melompat dari keinginan ke keinginan.

Kini setelah umat manusia telah mengaktualisasikan semua hasrat tersebut secara umum, masing-masing sesuai dengan sejauh mana ia dimaksudkan untuk mewujudkannya — berdasarkan pada akar jiwa seseorang — sebuah hasrat baru muncul dalam diri kita, yaitu hasrat spiritual. Kita tidak begitu memahami sifat dari keinginan itu; kita hanya merasa bahwa terlepas dari segala kenikmatan yang ditawarkan dunia ini kepada kita, hati kita tetap saja kosong. Mengapa kosong? Hal-hal di sekitar kita tidak lagi memuaskan kita, dan apa yang akan terjadi di masa depan tetap tidak jelas dan tersembunyi.

Ini adalah perasaan yang tersebar luas, yang berarti kita telah mencapai keadaan baru: hasrat spiritual bangkit dalam diri kita untuk melanjutkan pertumbuhan dan mengangkat kita kembali ke akar kesenangan—dunia Ein Sof (tak terhingga).

Apakah Kebatilan dengan Akhir?

Kebatilan yang kita rasakan di dunia kita adalah kekuatan yang mendorong kita untuk menyempurnakan kebaikan.

Kekurangan dan Pemenuhan

Seperti disebutkan di atas, kita terbuat dari hasrat akan kesenangan yang terus-menerus ingin memuaskan dirinya sendiri. Agar hasrat ini berkembang, seseorang diarahkan padanya, seolah-olah diberi tahu, "Kamu bisa terpenuhi di sana," dan hasrat tersebut menuju ke arah itu dan terpenuhi dengan sendirinya. Namun, begitu keinginan itu terpenuhi, hal itu dinetralkan.

Mari kita lihat kehidupan kita sendiri. Jika kita tidak mempunyai keinginan terhadap apa pun, kita akan jatuh dalam keputusasaan. Kita harus menginginkan sesuatu, atau mengejar sesuatu agar kita merasa hidup, bergerak. Namun, setelah kita memperoleh kepuasan itu, kesenangan itu hilang dan kita merasa hampa. Begitulah cara kita berkembang, dari mengejar, momen demi momen, dan generasi demi generasi.

Ketika perkembangan kita di dunia ini sudah terpuaskan, kita mulai merasa bahwa tidak ada sesuatu pun di dunia ini yang benar-benar dapat memuaskan kita. Pada titik itu kita harus maju ke dunia yang lebih tinggi. Ternyata semua hal buruk yang dirasakan di dunia ini dimaksudkan untuk membiasakan kita dengan jenis pengisian yang berbeda, yang tidak akan hilang seiring dengan pemenuhannya—sebuah kepuasan spiritual yang kekal.

> "Seseorang tidak dapat hidup tanpa vitalitas dan kesenangan, karena ia berasal dari akar penciptaan, yaitu keinginan-Nya untuk berbuat baik kepada makhluk-Nya. Oleh karena itu, setiap makhluk

tidak dapat hidup tanpa vitalitas dan kesenangan. Oleh karena itu, setiap makhluk harus pergi dan mencari tempat di mana ia dapat memperoleh kesenangan dan kesenangan."

Baal HaSulam, *Shamati*, esai no. 35

Apa gunanya?

Semakin banyak orang merasa bahwa kehidupan rutin mereka tidak memuaskan: belajar, menikah, membeli mobil, apartemen, membesarkan anak, membeli mobil lagi, apartemen yang lebih besar, promosi di tempat kerja. Banyak orang tidak ingin menikah lagi, dan di antara mereka yang menikah, banyak yang bercerai karena tidak punya tujuan untuk hidup bersama. Manusia menjadi semakin egois, dan sulit bagi mereka untuk saling mendukung dan berkomitmen; mereka hampir tidak dapat berdiri sendiri.

Kehidupan saat ini menawarkan banyak pilihan untuk melarikan diri: jalan-jalan, menonton film, selalu ada yang bisa dilakukan selain memikirkan makna hidup. Namun, di balik gangguan tersebut, ada pertanyaan yang mengganggu, "Apa intinya hidup ini?" masih berdiri.

Masuk universitas, mengambil hipotek/kpr dua puluh tahun, membesarkan anak... untuk apa? Hanya untuk mencapai usia lima puluh tahun dan mulai merawat cucu-cucu dan kemudian, paling-paling, mereka akan

Kekurangan dan Pemenuhan

merawatku ketika aku berada di panti jompo, sampai aku pergi, juga..."

"Jika kita mengumpulkan semua kesenangan yang dirasakan seseorang selama tujuh puluh tahun hidupnya dan meletakkannya di satu sisi, dan mengumpulkan semua rasa sakit dan kesedihan yang dirasakannya di sisi lain, jika kita bisa melihat hasilnya, kita lebih memilih untuk tidak dilahirkan sama sekali."

Baal HaSulam, "Perdamaian di Dunia"

Suatu Metode Baru

"Dunia ini diciptakan dengan keinginan dan kekosongan akan segala hal yang berlimpah, dan untuk memperoleh harta benda kita perlu bergerak. Diketahui bahwa banyaknya gerak menyusahkan manusia... Namun, tidak mungkin juga kita tetap tidak memiliki harta benda dan kebaikan... Oleh karena itu, kita memilih siksaan gerak untuk memperoleh pemenuhan harta benda. Akan tetapi, karena semua harta milik mereka adalah untuk diri mereka sendiri, dan 'dia yang mempunyai seratus menginginkan dua ratus,' akhirnya seseorang mati dengan kurang dari 'setengah keinginannya di tangannya.' Pada akhirnya, mereka menderita dari kedua sisi: dari rasa sakit karena semakin banyak bergerak, dan dari rasa sakit karena kekurangan harta benda, yang setengahnya mereka kekurangan."

Baal HaSulam, *Kajian Sepuluh Sephirot*, Bagian 1, "Refleksi Batin," butir 21

Sepanjang sejarah, ada orang-orang yang sampai pada kesimpulan bahwa tidak ada sesuatu pun di dunia ini yang dapat memuaskan umat manusia sepenuhnya. Dari ego mereka yang berkembang, dari jurang kosong dalam diri mereka, mereka menemukan cara baru untuk memenuhi hasrat akan kesenangan.

Orang-orang ini, dimulai dari Adam dan Abraham, melalui Musa, Rabbi Shimon Bar-Yochai dan ARI, hingga Kabbalah terhebat di generasi kita, Baal HaSulam, mengembangkan metode Kabbalah untuk kita semua.

Saat ini, ketika kekosongan sedang "mengudara", Kabbalah terungkap untuk membuka tingkat kepuasan baru dengan kesenangan tanpa batas bagi kita semua.

Alam

Tendensi untuk Koneksi

Tidak ada bagian tubuh kita yang dapat hidup tanpa bagian lainnya. Jantung, misalnya, adalah bagian yang sangat penting, namun apa gunanya tanpa otak, ginjal, hati, atau paru-paru?

Ketika tubuh makhluk hidup berkembang menjadi bentuknya yang sekarang, seolah-olah berbagai organ mencapai jaminan bersama. Masing-masing organ mengambil peran tertentu dan mendelegasikan pengurusan sisa kebutuhannya kepada organ lain. Seolah-olah hati berkata, "Saya akan menjadi pompa dan menyerahkan semua fungsi lainnya kepada Anda. Aku percaya padamu dan menyerahkan diriku padamu."

Ketika kehidupan pertama kali dimulai, terjadi peperangan yang mengerikan di antara sel-sel. Kemudian sel-sel bersatu menjadi koloni sel untuk bertahan melawan lingkungan yang tidak bersahabat, untuk bertahan hidup di dalamnya, dan untuk mendapatkan lebih banyak manfaat darinya. Belakangan, di dalam koloni-koloni ini, mereka mulai terbagi menjadi beberapa fungsi. Proses itu sudah memerlukan kepercayaan dan cinta timbal balik karena ketika Anda memberikan diri Anda kepada orang lain, Anda sepenuhnya bergantung pada mereka.

Kecenderungan alam untuk menggabungkan unsur-unsur individu demi mencapai perkembangan lebih lanjut kini telah mencapai tingkat kemanusiaan. Kesatuan yang demikian tidak meniadakan keunikan masing-masing individu. Sebaliknya, setiap orang menemukan tempatnya yang unik. Lebih jauh lagi, persatuan memberi kita sensasi baru yang tidak dapat kita rasakan sendiri: yaitu kehidupan harmonis di dimensi yang lebih tinggi—kehidupan tubuh kolektif.

> "Ketika umat manusia mencapai tujuannya… dengan membawa mereka pada tingkat cinta kasih yang utuh terhadap sesamanya, semua tubuh di dunia akan bersatu menjadi satu tubuh dan satu hati – hanya pada saat itulah seluruh kebahagiaan yang diperuntukkan bagi umat manusia akan terungkap dalam segala kejayaannya.
>
> Baal HaSulam, "Kebebasan"

Ekologi dan Bencana Alam

Situasi ekologi yang mengancam telah mendorong banyak upaya untuk mencari cara untuk melindungi Alam. Misalnya saja, kita berpikir bahwa jika kita menggunakan lebih sedikit bahan bakar fosil, situasi ekologis akan membaik. Oleh karena itu, kita mencoba untuk menegakkan pembatasan ini melalui perjanjian internasional. Namun gunung berapi

Alam

mana pun yang meletus mengeluarkan lebih banyak jelaga dan CO_2 dibandingkan gabungan semua mobil kita.

Kearifan Kabbalah menjelaskan bahwa upaya kita saat ini belum diarahkan pada solusi yang tepat. Kurangnya keseimbangan alam berasal dari tingkat hambatan yang jauh lebih tinggi dibandingkan emisi mobil atau produksi plastik yang berlebihan. Bahkan jika kita memaksa semua orang untuk berhenti mencemari udara, hal ini tidak akan mengembalikan keseimbangan alam. Masalah sebenarnya adalah tingkat pemikiran kita terhadap orang lain: di dalam diri kita, gunung berapi sedang meletus dan tsunami ego menghancurkan segalanya.

Kurangnya keseimbangan dalam hubungan antarmanusia semakin meningkat setiap harinya. Hal ini diproyeksikan dari kita ke semua tingkat alam yang lebih rendah—baik bintang, tumbuh-tumbuhan, dan yang diam, sehingga mengakibatkan bencana alam yang kembali menimpa kita.

Menurut Kabbalah, seluruh Alam adalah satu tubuh yang hidup, diatur oleh Pikiran Atas tentang cinta dan memberi. Pikiran itu mengatur alam semesta dengan kesempurnaan pada tingkat diam, tumbuh-tumbuhan, dan bintang. Pada tingkat kemanusiaan, kita harus mencapai keharmonisan sendiri. Sampai kita memperbaiki hati dan pikiran kita yang egois, dan hubungan kita dengan manusia lain, situasi ekologis akan terus memburuk dan wabah penyakit serta bencana alam akan menyerang kita dari segala arah.

Secercah Cahaya

> "Semua sisi realitas, naik turunnya, bergantung pada naik turunnya daya pikir manusia."
>
> Raiah Kook, *Harta Karun Raiah*, Edisi^(ke-1), hal 25

Saatnya untuk Bangkit

Pada generasi sebelumnya, para petani harus mempertimbangkan beberapa situasi sederhana: kapan hujan, kapan cuaca cerah, kapan mereka harus menabur, dan kapan mereka harus menuai. Seiring berjalannya waktu, tuntutan terhadap mereka menjadi lebih rumit dan menjadi lebih canggih. Saat ini, semuanya dihitung hingga detail terkecil—berapa tetes air yang dibutuhkan setiap tanaman, seberapa sering menyiramnya, pupuk apa yang digunakan, dan kapan harus memupuk. Tanpa perhitungan yang tepat seperti itu, hasil bumi tidak akan cukup.

Proses serupa kini harus terjadi dalam masyarakat manusia. Sampai saat ini, kita hidup seperti biasanya. Sekarang kita harus mempertimbangkan detail yang lebih rumit agar bisa bertahan. Tidak mungkin kita bisa terus melakukan hal seperti ini sampai sekarang karena alam menuntut kita untuk meningkatkan hubungan antar kita. Kita harus mempelajari kondisi yang tepat untuk membesarkan manusia baru, yang bisa sejahtera di dunia baru.

Kanker

Saat ini, umat manusia seolah-olah hanya memakan dirinya sendiri: kekerasan, teror, penipuan, korupsi—orang-orang

Alam

saling mengeksploitasi, dan umumnya berperilaku seperti sel kanker di dalam tubuh, melahap segala sesuatu di sekitar mereka. Pada akhirnya, proses tersebut berujung pada konsumsi seluruh tubuh, termasuk kanker.

Dalam esainya, "Kedamaian," Baal HaSulam berbicara tentang "perlunya berhati-hati terhadap hukum Alam." Ia menulis, "Sangatlah penting bagi kita untuk mengkaji perintah-perintah alam, untuk mengetahui apa yang dituntut dari kita, agar tidak menghukum kita tanpa ampun. Kami telah mengatakan bahwa Alam mewajibkan umat manusia untuk menjalani kehidupan sosial, dan ini sederhana saja. Namun kita perlu mengkaji perintah-perintah yang diwajibkan oleh Alam untuk kita patuhi sehubungan dengan kehidupan sosial.

"Dalam pemeriksaan umum, kami menemukan bahwa hanya ada dua perintah yang harus diikuti dalam masyarakat. Ini bisa disebut 'penerimaan' dan 'pemberian'… Kita tidak perlu terlalu mengkaji perintah penerimaan, karena hukumannya segera dilaksanakan, mencegah kelalaian. Namun dalam perintah yang lain, yaitu pemberian kepada masyarakat, hukumannya tidak langsung diberikan, tetapi diberikan secara tidak langsung. Oleh karena itu, perintah ini tidak dipatuhi dengan benar.

"Oleh karena itu, umat manusia sedang dilanda kekacauan yang mengerikan, dan perselisihan serta kelaparan serta dampaknya belum berhenti sejauh ini. Dan yang menakjubkan dari hal ini adalah bahwa Alam, seperti hakim yang terampil, menghukum kita sesuai dengan perkembangan kita. Karena kita dapat melihat bahwa seiring dengan berkembangnya umat manusia, rasa sakit dan siksaan yang melingkupi rezeki dan keberadaan kita juga berlipat ganda.

"Demikianlah anda mempunyai landasan ilmiah dan empiris bahwa Penyelenggaraan-Nya telah memerintahkan kita untuk menaati dengan sekuat tenaga perintah pemberian kepada orang lain dengan sangat tepat, sedemikian rupa sehingga tidak ada anggota di antara kita yang akan bekerja kurang dari ukuran yang diperlukan untuk mencapai tujuan tersebut. menjamin kebahagiaan masyarakat dan keberhasilannya. Selama kita bermalas-malasan melakukan hal tersebut secara maksimal, Alam tidak akan berhenti menghukum kita atau membalas dendam. Dan selain pukulan yang kita derita saat ini, kita juga harus mempertimbangkan pedang terhunus untuk masa depan. Kesimpulan yang tepat harus diambil—bahwa Alam pada akhirnya akan mengalahkan kita."[7]

Melepaskan Uap

Kita secara keliru mengira bahwa kita berada di atas Alam. Tampaknya bagi kita bahwa Alam terbentang luas di hadapan kita, dan kita hanya perlu memilih apa yang ingin kita lakukan dengannya, seolah-olah kita benar-benar lebih unggul darinya. Kita lupa bahwa kita juga berkembang dari Alam; kami tidak muncul begitu saja. Ketika kita memahami bahwa kita adalah bagian dari Alam, segalanya menjadi lebih sederhana dan kita dapat maju.

Benda mati, tumbuh-tumbuhan, yang bergerak, dan manusia terikat bersama dalam satu sistem yang terus berkembang. Saat ini, kita dituntut untuk mengembangkan eksistensi kita ke tingkat berikutnya, yaitu pengembangan jiwa manusia. Keterlambatan kita dalam melaksanakannya menciptakan tekanan ke bawah, menuju derajat Alam yang lebih rendah, seperti sebuah balok di dalam pipa.

Dampaknya adalah ledakan-ledakan, dan permulaannya terlihat jelas: pergerakan kerak bumi, gempa bumi, dan tsunami. Namun, ledakan ini tentu saja dapat mencapai tingkat yang lebih tinggi pada tanaman vegetatif dan hewan hidup.

Prozac untuk Hewan Peliharaan

> "Kita tidak boleh merenungkan keadaan makhluk lain di dunia kecuali manusia, karena manusia adalah pusat Penciptaan. Semua makhluk lain… bangkit dan runtuh bersamanya."
>
> Baal HaSulam, "Pengantar Kitab Zohar," Butir 18

Saat ini, kita menyaksikan fenomena baru dan meresahkan: bahkan hewan peliharaan kita pun mengalami depresi. Pembuatan antidepresan untuk hewan peliharaan sudah melimpah, dan dokter hewan terpaksa meresepkannya lebih sering.

Secercah Cahaya

Fenomena tersebut menunjukkan kepada kita bagaimana kita sebagai manusia menyeret dunia bintang ke dalam krisis kemanusiaan. Kita tertinggal dalam rencana pembangunan yang diprogramkan untuk kita . Kita terlibat dalam hal-hal kecil dan dangkal sementara seluruh Alam sedang menunggu kita untuk naik ke tingkat yang lebih tinggi, dan dengan demikian mengangkat seluruh Ciptaan bersama kita.

Israel

Kami Lahir dari Cinta

"Pada usia empat puluh tahun, Abraham mulai mengenal Penciptanya...Dia mulai berseru ke seluruh dunia. Dia akan berjalan dan berseru, mengumpulkan orang-orang dari kota ke kota dan dari kerajaan ke kerajaan...Akhirnya, ribuan orang berkumpul, dan mereka adalah orang-orang dari Bait Abraham. Dia menanamkan prinsip besar ini dalam hati mereka, dan menyusun buku-buku tentangnya... Dan gagasan ini tumbuh dan semakin intensif di antara anak-anak Yakub dan kelompok mereka. Dengan demikian, lahirlah suatu bangsa yang mengenal Sang Pencipta di dunia."

Maimonides, Mishneh Torah,
"Hukum Penyembah Berhala", 11-16

Jika kita ingin menjadi bangsa yang bersatu, dengan tujuan yang sama dan pertimbangan bersama yang sama, kita hanya bisa menggunakan satu cara—cara yang menjadikan kita menjadi sebuah bangsa di masa lalu. Kami berasal dari sekelompok orang dengan tujuan spiritual, yang diciptakan oleh Abraham. Setelah Abraham mengembangkan metode untuk mengungkap Sang Pencipta, ia mengajak penduduk Babel kuno untuk mempelajari metodenya, Kabbalah. Maka terbentuklah sekelompok orang yang belajar bagaimana mengatasi ego dan mengungkapkan Sang Pencipta di antara mereka, Kekuatan cinta dan memberi. Belakangan, kelompok Kabbalis itu diberi nama "bangsa Israel", sesuai dengan semangat mereka untuk menuju *Yasher* [lurus] – *El* [Tuhan], langsung menuju pengungkapan Sang Pencipta.

Tidak ada bangsa lain yang lahir dari prinsip cinta kasih dan persatuan antar umat manusia. Inilah seluruh kehidupan bangsa Israel, hukum keberadaannya. Ini adalah tujuan mengapa hal ini terjadi, dan itulah sebabnya kita tidak dapat hidup dengan cara lain. Segera setelah Kekuatan yang menyatukan kita "sebagai satu manusia dengan satu hati" lenyap, kita berhenti menjadi sebuah bangsa. Akibatnya, Bait Suci dirusak dan kami diasingkan.

Demikian pula, saat ini kita dapat melihat bahwa tidak adanya prinsip persatuan inilah yang menyebabkan kita tidak merasa sebagai sebuah bangsa. Orang-orang tidak peduli satu sama lain, dan banyak orang Israel mencari cara untuk melarikan diri ke tempat lain. Sesekali kami bersatu, tapi itu hanya terjadi ketika masalah-masalah bersama mengancam kami dari luar. Saat mereka menekan kami, kami bersatu untuk bertahan hidup. Namun, jika bukan karena masalah ini, kami pasti sudah lama saling melahap satu sama lain.[8]

Kami tidak memiliki ikatan nasional alami seperti yang terjadi di negara-negara lain. Ikatan kami adalah ikatan spiritual, dan ketika kami kehilangannya, kami tidak dapat bersatu; kami bukan sebuah bangsa lagi. Ternyata untuk bisa berdiri di sini, kami memerlukan suatu metode yang memungkinkan kami mewujudkan Hukum Eksistensi Bangsa Israel: "Cintailah sahabatmu seperti dirimu sendiri."

Di Atas Segala Kesenjangan

> "Selama kita tidak meninggikan tujuan kita di atas kehidupan jasmani, kita tidak akan mengalami kebangkitan jasmani… karena kita adalah anak-anak dari gagasan tersebut."
>
> Baal HaSulam, "Pengasingan dan Penebusan"

Kearifan Kabbalah menjelaskan bahwa kesamaan tidak dapat ditemukan pada tingkat jasmani. Di dunia kita, segala sesuatu terbagi menjadi bagian-bagian yang tak terbatas. Akar bersama kita hanyalah Sang Pencipta. Hanya jika kita bertekad bahwa mencapai Sang Pencipta (sifat cinta dan memberi) adalah tujuan hidup kita maka kita akan mampu menjembatani semua kesenjangan di antara kita.

Kearifan Kabbalah berhasil menyatukan orang-orang yang sangat berbeda karena mengabaikan kualitas duniawi. Ini bertujuan pada titik di hati setiap individu dan mengembangkannya. Ketika "titik di dalam hati" muncul pada manusia, setiap penutup jasmani akan hilang, dan ikatan sejati tercipta karena titik tersebut tidak dapat diisi oleh seseorang sendirian.

Urutan Koreksi Dunia

> "Bangsa Israel telah dibangun sebagai semacam pintu gerbang dimana percikan kemurnian akan menyinari seluruh umat manusia di seluruh dunia… sehingga mereka dapat memahami kesenangan dan ketenangan yang ditemukan dalam inti cinta terhadap sesama."
>
> Baal HaSulam, *"Arvut (*Saling Menjamin)*"*, Angka 24

Pada akhirnya, seluruh umat manusia akan mengaktualisasikan hukum, "Cintai sahabatmu seperti dirimu sendiri." Untuk mempermudah proses koreksi sifat manusia, metode koreksi ini dikembangkan di antara sekelompok orang tertentu yang dikenal sebagai "bangsa Israel".

Saat ini, kita harus kembali menjadi bangsa spiritual, sekali lagi mengetahui internalitas Taurat, Kearifan Kabbalah, menerapkan metode koreksi pada diri kita sendiri dan membantu seluruh dunia bangkit. Inilah yang disebut sebagai "Cahaya untuk bangsa-bangsa," [9] dan inilah seluruh panggilan kita sebagai bangsa terpilih.

Secara tidak sadar, dunia merasa bahwa kunci kebahagiaan ada di tangan kita, bahwa kita mempunyai sesuatu yang istimewa yang kita sembunyikan dari semua orang. Menurut kearifan Kabbalah, sensasi itulah yang menjadi sumber anti-Semitisme. Semakin lama koreksi dunia ditunda, penderitaan semakin meningkat, dan seiring dengan itu, anti-Semitisme pun meningkat di antara bangsa-bangsa.[10]

Kitab Zohar menulis kata-kata kasar sehubungan dengan anti-Semitisme dan peran orang-orang Yahudi: "Celakalah orang-orang itu... Merekalah yang membuat Taurat kering, tanpa sedikitpun pemahaman dan nalar... Mereka tidak ingin mencoba memahami kearifan Kabbalah. Celakalah mereka, karena dengan tindakan mereka ini mereka mendatangkan kemiskinan, kehancuran, dan perampokan, penjarahan, pembunuhan, dan kehancuran di dunia."[11]

Dalam "Pengantar Kitab Zohar," Baal HaSulam menyajikan kata-kata ini dan menjelaskan: "Alasan perkataan mereka adalah... bahwa ketika semua orang yang terlibat dalam Taurat merendahkan internalitas mereka sendiri dan internalitas Taurat, meninggalkan seolah-olah hal itu mubazir di dunia... dengan tindakan-tindakan ini mereka menyebabkan segala bentuk eksternalitas di dunia menguasai seluruh bagian internal di dunia. ...Dalam generasi seperti ini, semua pengrusak di antara bangsa-bangsa di dunia mengangkat kepala mereka dan terutama ingin menghancurkan dan membunuh anak-anak Israel, seperti yang dikatakan oleh orang bijak kita, 'Tidak ada bencana yang menimpa dunia kecuali Israel.' Sekarang terserah pada kita... untuk memperbaiki kesalahan yang mengerikan itu... Dan kemudian Bangsa-Bangsa di Dunia akan mengakui dan mengakui manfaat Israel atas mereka. Dan mereka harus menaati perkataan Yesaya, 'Dan bangsa itu akan mengambilnya dan membawanya ke tempat mereka; dan kaum Israel akan memiliki mereka di tanah

Tuhan.' Dan juga 'Dan mereka akan menggendong anak-anak lelakimu, dan anak-anak perempuanmu akan digendong di bahu mereka.'"[12]

Sederhananya, kunci untuk mengubah keadaan dunia dan sikap negatif terhadap orang Yahudi ada di tangan orang Yahudi sendiri. Saat mereka mulai menerapkan metode koreksi, anti-Semitisme akan hilang dan bahkan musuh terburuk mereka pun akan menjadi teman mereka.

> "Sekarang waktunya semakin dekat bagi semua orang untuk mengetahui dan menyadari bahwa keselamatan Israel dan keselamatan seluruh dunia hanya bergantung pada munculnya kearifan Cahaya tersembunyi dari internalitas rahasia Taurat dalam bahasa yang jelas."
>
> Rav Raiah Kook, Surat 1, 92

Kuil

> "Hati manusia harusnya menjadi sebuah Bait Suci… Seseorang harus diganjar dengan penanaman Ketuhanan."
>
> Rav Baruch Shalom Ashlag (Rabash), *Tulisan Rabash*, Vol. 2, "Apa Artinya, 'Kamu Telah Memberikan Yang Perkasa ke Tangan Yang Lemah,' dalam Pekerjaan"

"Rumah" adalah keinginan dan "Suci" adalah cinta dan anugerah. Jika seseorang mempunyai keinginan suci, keinginan untuk mencintai orang lain dan menganugerahkannya kepada mereka, maka itu disebut "Kuil Suci" di dalam dirinya.

Dulu, perasaan itu ada pada banyak orang yang terhubung satu sama lain. Kemudian, mereka juga menyadari bagaimana mengekspresikan pencapaian spiritual mereka dalam bentuk jasmani. Hasilnya, Kuil Suci juga dibangun di dunia material. Saat ini, kita harus berkonsentrasi pada koreksi hati seluruh umat manusia, maka metode koreksi tersebut terungkap di dunia.[13]

Ketika seluruh umat manusia bersatu dan seluruh bagian dari jiwa kolektif bergabung bersama dalam cinta, kita akan mencapai keadaan paling mulia dalam kenyataan: "Kuil Suci Ketiga." Cahaya yang akan terungkap dalam diri kita dalam keadaan itu akan menjadi Cahaya terbesar yang pernah ada—Cahaya " *Yechida* ," Cahaya dari tingkat "*Keter*."

Yahudi dan Bangsa-Bangsa di Dunia

"Mengatakan haramnya mengajarkan Taurat kepada penyembah berhala…berarti tidak mungkin mengajarkan Taurat selama masih dalam keadaan menyembah berhala, artinya masih tenggelam dalam cinta diri sendiri."

Rav Baruch Shalom Ashlag (Rabash), *Tulisan Rabash*, Vol. 2, "Apa Artinya, 'Dilarang Mengajarkan Taurat kepada Penyembah Berhala,' dalam Karya"

Secercah Cahaya

"Dilarang", menurut Kearifan Kabbalah, berarti "tidak mungkin". Menyembah berhala artinya masih dalam keadaan cinta diri, tunduk pada ego. "Mempelajari Taurat" berarti mengungkap cara Cahaya Atas meluas di [wadah] *Kelim Anda* .

Secara spiritual, setiap orang pada awalnya dianggap sebagai "penyembah berhala", "bangsa-bangsa di dunia". Hanya setelah seseorang mengoreksi egonya dan menjadi serupa dengan Sang Pencipta, dengan kekuatan cinta dan memberi, barulah seseorang dianggap seorang Yahudi, yang mampu "mempelajari Taurat." Seorang Yahudi adalah keadaan spiritual yang harus kita peroleh sendiri. Itu bukanlah sesuatu yang kita miliki sejak lahir. "Yahudi" (Ibr. *Yehudi*) berasal dari kata *Yehud* (persatuan), dan itu adalah orang yang bersatu dengan Sang Pencipta karena kesetaraan dengan-Nya.[14]

Ternyata pada awalnya, kita semua adalah bangsa-bangsa di dunia dan tidak bisa "mempelajari Taurat" karena kita tidak mampu mengungkapkan Cahaya. Apa yang bisa kita lakukan? Di sinilah metode koreksi, Kabbalah, berperan. Hal ini memampukan kita untuk terhubung dengan "Cahaya yang mereformasi," sejenis iluminasi yang datang dari kondisi kita yang telah dikoreksi ke kondisi kita saat ini, sesuai dengan intensitas keinginan kita untuk maju. Cahaya itu perlahan-lahan menyucikan kita dan mengubah kita menjadi orang Yahudi, sehingga memampukan kita "mempelajari Taurat."[15]

Kli (Wadah) dan Cahaya

Lebih Merasakan

Pertanyaan: Cahaya apa yang disebutkan dalam Kabbalah? Apakah sinar cahaya ini sebenarnya?

Cahaya itulah yang memenuhi emosi dan pikiranku. Itu adalah perasaan, pemahaman, realisasi. Isi apa pun disebut Cahaya, semua jenis kesenangan dan kesenangan disebut "Cahaya." Dalam situasi kita saat ini, kita hidup di dunia ini dan merasakan segala macam kesenangan. Mereka juga dianggap cahaya, tapi sangat kecil. Dalam kata-kata *The Zohar*, mereka disebut "sepotong cahaya," secercah cahaya kecil yang membawa kehidupan ke seluruh dunia.

Ilmu pengetahuan juga menemukan bahwa alam semesta kita dimulai dengan percikan energi unik. Itu hanyalah percikan Cahaya spiritual yang memancar ke dalam dunia kita dan menciptakan segala sesuatu di dalamnya, termasuk kita.

Intensitas Cahaya selebihnya melampaui derajat dunia ini.[16] Hal ini hanya bisa dirasakan jika kita memiliki kualitas yang sama dengan Cahaya: cinta dan memberi. Artinya tidak akan ada batasan apapun atau tirai yang menyembunyikan apapun dari kita.

> "Sebelum bangkit dari cinta diri sendiri, seseorang tidak mampu merasakan Cahaya. Jadi, pertama-tama seseorang harus keluar dari rasa cinta diri. Kalau tidak, pembatasannya ada pada diri seseorang."
>
> Rav Baruch Shalom Ashlag (Rabash), *Tulisan Rabash*, Vol. 1, "Seseorang Tidak Berpura-pura Menjadi Orang Jahat"

Pelajaran Pertama di Kabbalah

"Cahaya" (kesenangan) menciptakan "*kli* (wadah)" (keinginan untuk menerima kesenangan dan kenikmatan). Segala sesuatu yang ada di dalam *kli* itu berasal dari Cahaya. Tidak ada apa pun selain Cahaya dan *kli*.

Kita merasakan apa yang ada sebatas perkembangan kita. Ketika bayi lahir, ia memahami dunia sampai tingkat tertentu. Semakin ia berkembang, semakin ia memahaminya. Ini juga merupakan cara kita bertumbuh dalam spiritualitas: Kita mengembangkan *Kli* [wadah] kita untuk merasakan pengisian abadi yang ada secara permanen, untuk mengungkapkan Cahaya secara keseluruhan.

Antusiasme untuk Cahaya

Kita semua muncul dari Cahaya; inilah sebabnya kita pada akhirnya ingin mencapainya. Semua nafsu kita, semua kerinduan kita tertuju padanya. Secara tidak sadar, itulah yang kita inginkan.

Kli (Wadah) dan Cahaya

Semua kesenangan dalam hidup kita—pakaian baru, mobil bagus, makanan enak, apa saja—sebenarnya berasal dari Cahaya. Kenikmatan itu tampak bagi kita terselubung dalam selimut tertentu, seperti kenikmatan istirahat, kehangatan, atau pemandangan indah. Namun, dalam semua itu, kita benar-benar merasakan Cahaya.

Perlahan-lahan, kami akan menembus selimut-selimut itu dan kita ingin mengungkapkan sumbernya—Cahaya Itu Sendiri. Saya tidak terlalu membutuhkan mobil yang berkilau. Benar, itu memberi saya kesenangan, tapi saya ingin lebih. Saya ingin kesenangan bahkan tanpa potongan logam itu, yang tidak membuat saya bergairah setelah beberapa saat.

Ketika kita berkembang, kita jadi menginginkan hal-hal yang lebih halus, lebih terselubung. Alih-alih benda-benda besar dan besar yang kita miliki di masa lalu, segalanya menjadi kecil dan mengecil. Kuantitas berubah menjadi kualitas.

Demikian pula, hasrat kita berkembang dari hasrat akan harta benda menjadi hasrat akan pencapaian spiritual. Di dalam diri kita, kita mulai menyadari kerinduan kita akan Cahaya. Kesejahteraan harus memenuhi kebutuhan kita, bukan hanya melalui makanan, seks, uang, kehormatan, kekuasaan, atau pengetahuan.

Orang-orang tidak benar-benar memahami proses yang kita lalui, atau bahwa kurangnya Cahaya adalah penyebab depresi, keputusasaan, kecanduan, perceraian, dan kekerasan yang menyebar di masyarakat kita.

Mengungkapkan Cahaya

Lihatlah bahwa sebelum emanasi dipancarkan dan makhluk-makhluk diciptakan, Cahaya Sederhana Atas telah memenuhi seluruh keberadaan.
Dan tidak ada kekosongan, seperti udara yang hampa, kosong, tapi semuanya dipenuhi Cahaya Sederhana, Tanpa Batas itu.

Dan ketika atas kehendak-Nya yang sederhana, munculah keinginan untuk menciptakan alam-alam dan memancarkan pancaran-pancaran, untuk memperjelas kesempurnaan tindakan-tindakan-Nya, nama-nama-Nya, sebutan-sebutan-Nya, Yang menjadi sebab terciptanya alam-alam, Maka Ein Sof membatasi diri-Nya, di titik tengah-Nya.

Ari, *Pohon Kehidupan*, Bagian Satu, Gerbang Satu

Kearifan Kabbalah mengajarkan kita bahwa segala sesuatu berasal dari Cahaya. Di dalam Cahaya, satu titik kecil tercipta, dan dari sana seluruh realitas berkembang. Intinya adalah hakikat Penciptaan. Intinya mulai meluas di dalam Cahaya, menyembunyikan Cahaya, menerima berbagai bentuk dari Cahaya, dan menjauh dari Cahaya pada semua tingkat dan derajat yang berbeda. "Dunia" diciptakan dari titik – hilangnya dan berkurangnya Cahaya.

Intinya mencapai keadaan di mana kearifan yang disebut "manusia" tercipta—keinginan yang memahami dirinya sendiri, merasakan dirinya sendiri, yang hendak mengetahui siapa yang menciptakannya. Ia memiliki semacam gigi mundur menuju Cahaya yang menciptakan dan merancangnya. Ia menanyakan "mengapa" dan "bagaimana". Begitulah cara Cahaya membangunkannya, namun keinginan itu mulai merasakan dirinya sebagai mandiri, ada, kembali menuju Cahaya, dan membangun dirinya sendiri.

Kita bisa melihatnya dalam evolusi kehidupan di dunia kita, bagaimana sebuah tubuh kecil tercipta dari setetes air mani, hampir dari awal. Secara bertahap, tubuh itu memulai perkembangan pribadinya—dalam hasrat, pemikiran, dan dalam memiliki pandangan sendiri. Ini juga merupakan cara kita bertumbuh secara rohani. Titik hitam yang pernah terbentuk di dalam Cahaya mulai memahami dirinya sendiri dan menghubungkan dirinya dengan Cahaya. Akhirnya, titik tersebut menjadi seperti Cahaya yang sebenarnya.

Pemberian Terus Menerus

> "Tidak ada perubahan pada Cahaya. Sebaliknya, semua perubahan terjadi pada *kelim* (wadah-wadahnya/ keinginan-keinginannya)."
>
> Baal HaSulam, *Shamati*, Esai no. 3

Cahaya dalam keadaan istirahat total, statis. Itu hanya memberi. Ini seperti penyedia yang bisa saya dekati atau jauhkan.

Saya bisa berteriak; itu tidak peduli. Semua teriakanku mungkin menyebabkan perubahan dalam diriku, yang dalam hal ini aku akan merasakan hasil yang berbeda dari pemberiannya yang terus-menerus. Artinya, dalam perubahan-perubahan yang saya alami, saya merasakannya secara berbeda, namun sayalah yang merasakan "Itu" secara berbeda, dan bukan bahwa Itu berbeda. Begitulah, matahari tidak pernah berhenti bersinar. Saya dapat menghangatkan dan mendinginkan sesuatu dengan energinya, atau melakukan apapun yang saya inginkan, namun energinya konstan.

Demikian pula, Cahaya itu "baik dan berbuat baik" terhadap yang baik dan yang buruk. Apa artinya "yang baik dan yang buruk"? Apakah itu juga baik bagi pelaku kejahatan? Ya, kecuali mereka berlawanan dengan Itu, dan menderita sesuai dengan tingkat kebalikannya, itulah yang menyebabkan mereka berkembang.

Titik Koneksi

Ketika manusia mengungkapkan suatu ikatan di antara mereka di atas ego yang semakin meningkat, justru pada titik keterhubungan itulah mereka merasakan fenomena unik yang disebut "Cahaya".

Ini adalah sejenis suplemen yang menghubungkan mereka, mengembangkan mereka ke tingkat pemahaman dan koneksi yang lebih tinggi. Kearifan Kabbalah menjelaskan bahwa rahasia keberadaan ada pada titik keterhubungan antar manusia karena kekuatan yang sama yang melahirkan kita, Cahaya, tersembunyi di antara kita.

Tulisan-tulisan Kabbalah

Dunia Kekuatan-kekuatan

Kekuatan-kekuatan atas turun ke dunia kita dan beroperasi di dalamnya. Segala sesuatu yang kita lihat di dunia ini, termasuk diri kita sendiri, adalah hasil dari aktivitas kekuatan-kekuatan tersebut. Kita tidak merasakan kekuatan itu sendiri atau melihat dari mana datangnya karena kekuatan tersebut datang dari dunia yang lebih tinggi, dunia kekuatan-kekuatan.

Para Kabbalis mengungkapkan Dunia Atas dan menulis tentangnya. Dengan demikian, mereka memungkinkan kita membaca tentang Kekuatan Atas dan bagaimana mereka turun ke dunia kita dan mengoperasikan segalanya. Para Kabbalis melakukan hal itu agar kita dapat naik dengan cara yang sama seperti kekuatan turun, kembali ke akarnya.

Kekuatan Atas adalah kebalikan dari kita. Kita diciptakan dari keinginan untuk menerima, sedangkan kekuatan tersebut adalah keinginan untuk memberi dan memberi.

Saat membaca tulisan-tulisan Kabbalah, kita harus menghendaki agar kekuatan-kekuatan tersebut memberikan kualitasnya kepada kita, agar kita serupa dengan mereka. Membaca mempengaruhi kita dan perlahan-lahan kita mulai mendekati mereka sesuai dengan usaha kita, sama seperti ketika anak-anak bermain, permainan menyebabkan mereka tumbuh dan berkembang.

Kabbalis Menulis

Pertanyaan: Mengapa para Kabbalis menulis buku, dan apa istimewanya menulis?

Menulis itu mengungkapkan. Di setiap generasi, kaum Kabbalis menulis buku karena dari generasi ke generasi jiwa memiliki ego yang lebih besar dan persepsi yang baru. Kondisi pengungkapan spiritualitas berubah dan para Kabbalis perlu memperbarui dan menyesuaikan metode koreksi.

Dalam esainya, "Ajaran Kabbalah dan Esensinya," Baal HaSulam menjelaskan, "Kearifan kebenaran, seperti halnya ajaran sekuler, harus diwariskan dari generasi ke generasi. Setiap generasi menambahkan tautan ke generasi sebelumnya, dan dengan demikian Kearifan berkembang. Apalagi lebih cocok untuk diperluas ke masyarakat."

Seseorang yang berkembang secara spiritual dan terhubung dengan makna terdalam dari teks akan menemukan seluruh dunia di dalamnya. Orang tersebut mulai menyadari bahwa teks itu seperti sebuah sistem yang beroperasi pada kita. Artinya, ia bukan sekedar teks, namun sebuah program yang menyelimuti seseorang yang mulai bekerja sesuai keinginannya, membangunnya sesuai dengan sistem Atas.

Ringkasnya, melalui tulisan, Kabbalah menyampaikan instruksi untuk pengembangan spiritual, tetapi juga mentransfer kekuatan batin dari sistem Atas. Inilah sebabnya mengapa membaca tulisan Kabbalah memajukan spiritualitas orang.

Tulisan Baal HaSulam

> "Dan saya menamai komentar itu *The Sulam* (Tangga) untuk menunjukkan bahwa tujuan komentar saya adalah seperti perannya tangga: jika Anda memiliki loteng yang terisi banyak, maka yang Anda perlukan hanyalah sebuah tangga untuk mencapainya. Maka seluruh harta karun di dunia akan berada di tanganmu."
>
> Baal HaSulam, "Pengantar Kitab Zohar," Butir 58

Baal HaSulam melakukan pekerjaan luar biasa dalam mengungkap Kearifan Kabbalah. Tanpa dia, kami orang awam, yang tidak memiliki jiwa khusus seperti beberapa pengikut Kabbalah terpilih di masa lalu, tidak akan mampu mencapai spiritualitas.

Kekuatan Kabbalah yang hebat itu terlihat jelas dalam caranya "meluruskan segala sesuatunya" di semua tingkatan. Para pendahulunya berusaha untuk mengungkapkan seluruh sistem Penciptaan dalam bahasa Alkitab, legenda, hukum, dan Kabbalah. Namun berkat dia kita dapat mempelajari perkembangan realitas secara terorganisir dan metodis.

Secercah Cahaya

"Saya dihargai dengan cara mengungkapkan
Kearifan karena generasi saya."

Baal HaSulam, "Ajaran Kabbalah dan Hakikatnya"

Kekuatan Mesias

"Dan penyebaran kearifan kepada masyarakat disebut
'Shofar [terompet tanduk].' Bagaikan Shofar yang suaranya
menjangkau jauh, gema kearifannya akan menyebar ke
seluruh dunia, sehingga bangsa-bangsa pun akan mendengar
dan mengakui bahwa ada kearifan Ilahi di Israel... Generasi
ini layak menerimanya, sebagaimana adanya. generasi
terakhir, yang berada di ambang penebusan total. Dan oleh
karena itu, patutlah kita mulai mendengarkan suara Shofar
Al-Masih, yang merupakan penyingkap rahasia."

Shofar [tanduk] Mesias"

Kekuatan yang menarik kita dari cinta diri ke cinta terhadap orang lain disebut "Mesias." Kekuatan Mesias harus diungkapkan dalam setiap individu dan memperbaiki egoisme yang tertanam dalam diri kita semua sejak lahir. Inilah sebabnya mengapa tulisan Kabbalah diturunkan kepada dunia pada generasi kita.

Di Kabbalah, kekuatan Mesias juga disebut "Cahaya yang melakukan reformasi." Jadi daripada menunggu pemimpin besar datang dan melakukan mukjizat dan keajaiban, lebih baik membuka tulisan Kabbalah dan belajar bagaimana membuat Cahaya itu bekerja pada kita.

Studi Kabbalah

Tidak Ada Prasyarat

Pertanyaan: Adakah yang bisa mempelajari Kabbalah, bahkan tanpa mahir dalam Alkitab?

Tidak diperlukan pengetahuan awal untuk mempelajari Kabbalah. Taurat Kebenaran, yang berarti internalitas Taurat, yang merupakan Kearifan Kabbalah, tidak memberikan prasyarat bagi siapa pun. Semua orang boleh belajar.

Sekalipun seseorang buta huruf dan hanya mendengarkan pelajaran Kabbalah, mendengarkan saja sudah berhasil. Pada akhirnya, orang tersebut akan mulai merasakan kebenaran. Dalam Taurat Kebenaran, kita tidak maju melalui kecerdasan kita, namun melalui kemauan untuk berkembang secara spiritual. Khususnya di antara orang-orang yang kurang memahami materi yang dipelajari, dan merasa frustrasi sehingga merasa kekurangan, *kelim* [wadah-wadah/keinginan-keinginan] perasaan baru dapat terbuka lebih cepat.

Kekuatan Penyembuhan

"Lalu mengapa para Kabbalis mewajibkan setiap orang mempelajari kearifan Kabbalah? Memang benar, ada sesuatu yang luar biasa di dalamnya, yang layak untuk dipublikasikan: Ada obat yang luar biasa dan tak ternilai harganya bagi mereka yang terlibat dalam Kearifan Kabbalah. Meskipun mereka tidak memahami apa yang mereka pelajari, melalui kerinduan dan keinginan besar untuk memahami apa yang mereka pelajari, mereka membangkitkan dalam diri mereka Cahaya yang mengelilingi jiwa mereka."

> Baal HaSulam, "Pengantar Studi Sepuluh Sephirot," Butir 155

Ketika kita membaca tulisan-tulisan Kabbalistik bahwa kita harus mengantisipasi "Cahaya yang mereformasi," dengan apa yang bisa dibandingkan? Ibarat orang sakit yang mendapat infus. Dengan setiap tetes, lebih banyak obat yang masuk ke pembuluh darah. Demikian pula, dengan setiap kata, kita harus mengantisipasi Cahaya yang berubah.

Pada awalnya, kita tidak tahu persis apa itu Cahaya dan bagaimana Cahaya itu berubah. Kita juga belum tahu betul kebaikan apa yang harus kita cita-citakan. Tetap saja, yang terpenting adalah mengantisipasi solusinya dengan belajar.

Tulisan Kabbalah memungkinkan kita terhubung ke sumber kekuatan dari dimensi berbeda. Melalui tulisan-tulisan tersebut, infus intravena menetes ke dalam diri kita dari Dunia Atas, mengembalikan kita ke kehidupan spiritual.

Cahaya yang Mengelilingi

Saya berada dalam sistem yang besar dan luas, yang tidak saya rasakan atau pahami. Dalam sistem yang luar biasa itu, saya tinggal di tempat kecil yang disebut "dunia ini".

Bagaimana kita mengungkap keseluruhan sistem, mengetahui semuanya, merasakan semuanya, dan menjadi pemiliknya? Menarik Cahaya ke dalam sistem adalah kekuatan yang akan membuka indera saya, saluran batin saya, kekuatan kehidupan yang akan memulihkan kesadaran saya.

Cahaya itu mengelilingiku di Realitas Atas. Itu ada pada saat ini, tapi aku tidak merasakannya karena kualitasku berlawanan dengan Cahaya. Namun, saya dapat membangkitkan pengaruhnya pada diri saya dan kemudian pengaruh itu disebut "Cahaya yang Mengelilingi."

Cahaya mengelilingiku, membelaiku, dan memeliharaku hingga aku terbangun.

> "Manusia diciptakan hanya untuk mempelajari Kearifan Kabbalah."
>
> *Tulisan The Ari* , Kata Pengantar Rav Chaim Vital pada *Gerbang Perkenalan*

Dia yang Merusak Kita Akan Datang untuk Memperbaikinya

Saya tidak bisa mengatasi ego saya dengan kekuatan saya sendiri. Memang kalau seluruh wujudku egois mau menerima, niscaya aku tidak akan mampu menarik diriku keluar dari diriku.

Di sinilah sistem koreksi berperan—pembelajaran, buku, guru, dan kelompok. Melalui sistem itu saya menarik Cahaya yang mereformasi—kekuatan unik yang memengaruhi dan mengoreksi saya.

Tidak ada seorang pun yang meminta saya untuk mengoreksi apa yang telah dirusak oleh Sang Pencipta. Sang Pencipta bersabda mengenai hal ini: "Aku telah menciptakan kecenderungan batil; Aku telah menciptakan Taurat sebagai bumbu." [17]Akulah yang menciptakan kamu dalam kekurangan, dan Akulah yang mengoreksi kamu. Kamu hanya perlu menyadari bahwa kecenderunganmu itu batil, dan meminta kepada-Ku untuk mengubahnya menjadi kecenderungan yang baik. Aku menunggumu."[18]

Bagaimana Cahaya Beroperasi

Kekuatan Tertinggi Alam, kekuatan cinta dan memberi, terdapat pada ikatan seluruh bagian Ciptaan yang Dia ciptakan sendiri, berada dalam keselarasan dan hubungan timbal balik.

Kami merasa tidak enak karena meninggalkan sistem terintegrasi itu. Jika kita ingin merasa baik, kita perlu mencoba kembali ke sistem yang disebut "keutuhan".

Bagaimana kita kembali? Ketika kita ingin kembali ke sistem dan mengerahkan diri, kita membangkitkan kekuatan yang mempengaruhi kita dari dalam sistem. Hal ini dianggap sebagai "memohon Cahaya yang mereformasi diri kita sendiri", Cahaya Sekitar, kekuatan yang mengembalikan kita ke sistem yang komprehensif.

Kekuatan itu bekerja sesuai dengan intensitas keinginan kita, pada tingkat yang sama dimana kita dapat membangkitkan, meminta, dan menuntutnya dari sistem.

Aku yang Sebenarnya

Ketika Cahaya bersinar, Itu membuka segala macam kualitas yang ada dalam diri saya. Sifat-sifat ini tersembunyi dariku; Saya tidak melihat atau merasakannya.

Tampak bagi saya bahwa saya sedang bertumbuh, seperti bayi yang berat badannya bertambah beberapa inci, tetapi kenyataannya tidak demikian. Bagi saya sepertinya hanya seperti itu, tetapi tidak ada hal baru yang dapat diungkapkan.

Saya abadi, hanya saja sekarang saya hanya sedikit mengenal diri saya sendiri. Saya harus menarik Cahaya untuk terus membuka lebih banyak kualitas dalam diri saya sampai saya kembali ke *Ein Sof* [tak terhingga].

Saya ingin sifat-sifat yang lebih dekat dengan Sang Pencipta muncul dalam diri saya, sifat-sifat yang lebih berkembang. Aku ingin membuka diri, dan agar Cahaya datang dan semakin membuka diriku.

Secercah Cahaya

Ternyata saya tidak mengungkapkan Cahaya, namun menariknya sehingga Ia mengungkapkan saya—diri saya yang sebenarnya—lebih besar dan lebih dekat dengan *Ein Sof*.

Dan ketika aku terungkap lebih jauh pada diriku sendiri, dianggap bahwa aku sedang menaiki tangga yang bertingkat-tingkat.

Realitas Imajiner

Tinggal di Dunia Khayalan

Saat kita menonton film yang bagus, kesan kita terhadap film tersebut bisa begitu kuat hingga kita melupakan dunia luar. Kita terbawa oleh alur cerita yang menjadi kenyataan kita. Kita menangis, tertawa, mencintai, membenci, takut, berharap, kalah, dan menang.

Menurut Kabbalah, hidup kita adalah sebuah film panjang. Kita tidur, bangun, makan, minum, punya anak, hidup, dan mati—semuanya ada di film itu. Rasanya begitu nyata karena kita belum pernah berada di luarnya. Kita hidup di sebuah teater yang disebut "dunia ini" sampai tiba-tiba seseorang datang dan memberitahu kita: "Dengar, kamu sedang berada di sebuah teater, kamu sedang dalam perjalanan, beberapa elektroda ditanamkan ke dalam dirimu, dan melalui elektroda-elektroda itu gambar diproyeksikan ke dalam otakmu."

Untuk bangun dari film tersebut, kita diberikan kearifan Kabbalah. Kita tidak mengubah apa pun dalam hidup secara artifisial; kami hanya belajar. Saat belajar, kekuatan unik dalam tulisan Kabbalistik, Cahaya yang mereformasi, mempengaruhi kita. Saat kita berubah secara bertahap, persepsi kita terhadap realitas pun ikut berubah.

Semua yang Salah, Salahkan Kekurangannya Sendiri

Kecenderungan egois seperti kontrol dan kesombongan tertanam dalam diri kita semua. Ketika hal-hal tersebut muncul dalam diri kita, kita tidak terlalu memperhatikannya, namun kendali dan kesombongan pada orang lain membuat kita kesal.

Ego kita, seperti hakim yang tegas dan tanggap, membantu kita menyelidiki kebatilan yang ditunjukkan orang lain kepada kita. Kita menilai mereka dengan cermat dan mendalam, memperhatikan setiap detailnya.

Ego memampukan kita untuk mengidentifikasi hal-hal buruk di luar diri kita terlebih dahulu, dan baru kemudian menyadari bahwa sebenarnya segala sesuatu ada di dalam diri kita. Inilah yang disebut, "Semua orang yang menyalahkan, menyalahkan kekurangannya sendiri." [19]Namun, kita akan menemukan bahwa tidak seperti itu "Dia suka memerintah" dan "Dia sombong," tapi akulah yang melihatnya seperti itu karena keinginanku yang tidak dikoreksi.

> "Barangsiapa melihat keburukan pada diri sahabatnya, maka ibarat bercermin: jika wajahnya kotor, maka ia melihatnya di cermin juga, dan jika wajahnya bersih, maka ia tidak melihat cacat apa pun di cermin. Sebagaimana dia adanya, maka dia melihat."
>
> Baal Shem Tov[20]

Keinginan Internal, Keinginan Eksternal

Kita berada dalam sistem sempurna yang dibentuk oleh Sang Pencipta. Keseluruhan hakikat Penciptaan adalah "keinginan untuk menerima", dan sistem yang sempurna sebenarnya adalah keinginan kolektif yang diciptakan. Keinginan itu juga disebut "jiwa kolektif" atau "jiwa *Adam HaRishon* [manusia pertama]." Namun Sang Pencipta menghancurkan jiwa kolektif menjadi banyak partikel. Masing-masing dari kita hanya berisi satu partikel dari jiwa kolektif yang hancur.

Karena kehancurannya, di dunia kita, keinginan masing-masing terbagi menjadi dua bagian utama: *kli* [wadah/keinginan] internal (*Shoresh* [akar], *Neshama* [jiwa] , dan *Guf* [tubuh]) dan *kli* external (*Levush* [jubah/pakaian] dan *Heichal* [aula]).

Saya merasakan keinginan-keinginan batin saya sebagai "saya", diri saya sendiri, jadi saya peduli terhadapnya. Aku merasakan keinginan luarku sebagai orang asing, bukan milikku. *Kli* internal dan eksternal bertentangan satu sama lain—semakin aku mencintai *kli* internalku, semakin aku membenci *kli* eksternalku.

Mengapa? "Batas dari kehancuran" berdiri di antara dua jenis *kli* seperti sebuah partisi yang membuat saya melihat ke luar. Saya melakukan ini hanya untuk melihat bagaimana saya dapat memperoleh manfaat dari situasi apa pun, dan apa yang dapat saya peroleh dari situasi tersebut. Hal ini memaksa saya untuk memperlakukan orang lain secara egois, dan ingin mengambil keuntungan dari mereka.

Seolah Kita Sedang Bermimpi

> "Semua generasi sejak awal Penciptaan sampai akhir koreksi adalah seperti satu generasi yang telah memperpanjang umurnya selama beberapa ribu tahun, hingga berkembang dan terkoreksi sebagaimana mestinya."
>
> Baal HaSulam, "Kedamaian"

Hingga saat ini, bagi kita, "aku" dan "dunia" adalah dua hal yang terpisah. Namun kini, di akhir perkembangan umat manusia, yang telah berlangsung selama puluhan ribu tahun, kita dituntut untuk menyadari bahwa "aku" dan "dunia" adalah satu kesatuan, bahwa Alam benar-benar bersifat global, dan bahwa semuanya masih bersifat global. , vegetatif, binatang, dan manusia merupakan satu mekanisme.

Selain itu, kita juga semakin mendekati kesadaran bahwa memang tidak ada seorang pun *di luar* diri kita, namun segala sesuatu terjadi *di dalam* diri kita. Ini adalah persepsi realitas yang lebih tinggi. Kita akan menemukan pengungkapan menarik di Dimensi Atas. Inilah pintu masuk menuju kehidupan baru, kebangkitan dari mimpi yang selama ini kita jalani, dari sensasi ilusi bahwa kita hidup dalam kenyataan yang terbagi dan terpisah menjadi beberapa bagian.

Ketika kita mengingat kembali masa lalu, kita akan mulai menyerap kenyataan bahwa sikap egois yang kita miliki terhadap semua orang di sekitar kita sebenarnya merugikan kita. Kita membenci diri kita sendiri, mengambil keuntungan dari diri kita sendiri, membohongi diri kita sendiri, dan mencuri dari diri kita sendiri. Akan menjadi jelas bahwa kita hanya hidup dalam kebohongan, sebuah kesalahan besar.

Namun, setiap pengungkapan tersebut akan membawa kita selangkah lebih maju menuju kesatuan dan keselarasan penuh dengan seluruh realitas, yang akan diungkapkan kepada kita sebagai diri kita sendiri. Selain itu, seiring dengan pengungkapan bahwa kita adalah bagian dari keseluruhan realitas, dan sebaliknya, kita juga akan mengungkapkan Kekuatan Atas yang hadir dalam segala hal—kekuatan cinta dan memberi.

Seperti Penerima Radio

Cahaya Atas ada di sekitar kita dalam keadaan istirahat total. Ini adalah bidang informasi yang tak terbatas, keabadian dan keutuhan. Namun, kita tidak merasakannya karena kita tertutup dalam diri kita sendiri. Ego kita mengurung kita di dalam.

Untuk merasakan Cahaya, kita harus membangun dalam diri kita suatu kualitas yang serupa dengan kualitas Cahaya, suatu kualitas cinta dan memberi. Hal ini mirip dengan bagaimana penerima radio menciptakan panjang gelombang yang sama dengan yang ingin diterimanya dari luar.

Kearifan Kabbalah sebenarnya adalah kearifan menerima. Merupakan metode ilmiah untuk membangun kualitas yang memungkinkan kita menerima informasi yang ada di sekitar kita. Ketika kita melakukannya, kita tidak akan merasa tertutup di dalam diri kita. Sebaliknya, kita akan benar-benar mengalir dalam Cahaya Atas yang abadi dan utuh, dalam gelombang keabadian.[21]

Peningkatan Diri

Misalkan saya hanya menginstal program Word di komputer saya, dan saya mendapatkan file Excel atau gambar yang dilampirkan ke pesan email. Saya mencoba membuka file menggunakan Word, tetapi tidak dapat dibuka. Mungkin ada sesuatu yang sangat baik bagi saya dalam file itu, namun program saya menolak untuk membukanya. Saya tidak punya pilihan selain menginstal program baru di komputer saya, yang dapat membaca data dan menyajikannya kepada saya. Tentu saja, format data baru memerlukan program baru.

Kita melalui proses serupa dalam perkembangan spiritual kita. Dengan menggunakan Kearifan Kabbalah, kita memperoleh program baru, "menempatkannya" sesuai keinginan kita, dan kemudian kita dapat menerima gambaran baru, informasi baru. Hingga saat ini, kita hanya memiliki program asli yang kita miliki sejak lahir, yang sepenuhnya diarahkan pada cinta diri sendiri. Sekarang kita sedang mengupgrade diri, memperoleh program yang memahami konsep cinta kepada orang lain.

Dengan program baru, file baru yang kita terima terbuka dengan baik!

"Mencintai diri sendiri adalah penghalang kita untuk mencapai kesenangan dan kenikmatan."

> Rabash, *Tulisan Rabash*, Vol. 1, "Terkadang Spiritualitas Disebut 'Jiwa'"

Kualitas Baru, Citra Baru

Jika kita mempunyai indera yang lain, indera yang berbeda, kita akan merasakan realitas secara berbeda. Kita melihatnya pada hewan lain. Anjing, misalnya, merasakan realitas terutama melalui penciuman; ular merasakannya melalui suhu, dan kelelawar serta lumba-lumba melalui pendengarannya. Jadi apa yang sebenarnya realitas? Apakah ada hal seperti itu?

Pada awal abad kedua puluh, Einstein memperkenalkan konsep baru kepada dunia: Teori Relativitas. Ia menemukan bahwa mengubah kecepatan pengamat (atau objek yang diamati) menghasilkan visi realitas yang sangat berbeda pada poros ruang dan waktu. Belakangan, para fisikawan kuantum menemukan bahwa manusia memengaruhi peristiwa yang ia amati, bahwa gambaran realitas sebenarnya merupakan semacam rata-rata antara kualitas pengamat dan kualitas objek atau fenomena yang diamati.

Sejak kita lahir, kita telah memahami realitas dengan cara tertentu. Inilah sebabnya kita berpikir bahwa itulah kenyataannya. Namun kenyataannya itu semua hanya dalam persepsi kita saja. Anda mungkin bertanya, "Apa bedanya bagi kita? Mengapa para Kabbalis berurusan dengan persepsi realitas dan bersusah payah menjelaskan kepada kita bahwa gambaran realitas itu relatif dan bergantung pada kita?" Mereka melakukannya karena metode Kabbalah memungkinkan kita menambahkan indra-indra baru pada diri kita, kualitas-kualitas baru, sehingga kita dapat mulai merasakan dunia lain melalui indera-indera tersebut.

Memang kita tidak tahu dari mana kita berasal atau ke mana tujuan kita, dan selama hidup kita yang singkat ini kita tidak bisa benar-benar mengendalikan apa yang terjadi pada diri kita dalam hidup, atau mengubah nasib kita menjadi lebih baik. Pilihan itu hanya ada di dunia yang lebih tinggi.

Sama seperti orang rabun jauh yang memakai kacamata untuk mengidentifikasi apa yang ada di sekitarnya, kita dapat menambahkan kualitas baru pada sifat asli kita dan melihat Dunia Atas, dari mana Kekuatan Atas turun ke dunia kita dan mengatur segalanya. Citra kita terhadap dunia tidak akan hilang, melainkan akan ditambahkan dengan citra baru.

Seorang Manusia Tinggal di dalam Dirinya Sendiri

Dalam "Kata Pengantar Kitab Zohar" (item 34), Baal HaSulam menulis, " Contohnya indra penglihatan kita: kita melihat dunia luas di hadapan kita, penuh dengan keajaiban. Namun nyatanya, semua itu hanya kita lihat di dalam diri kita sendiri. Dengan kata lain, ada semacam mesin fotografi di otak belakang kita, yang menggambarkan segala sesuatu yang tampak di hadapan kita dan tidak ada apa pun di luar diri kita." Dia juga menjelaskan bahwa di dalam pikiran kita terdapat "semacam cermin yang membalikkan segala sesuatu yang terlihat di sana, sehingga kita akan melihatnya di luar otak kita, di depan kita."

Untuk mengilustrasikan permasalahan ini, mari kita bandingkan seseorang dengan sebuah kotak tertutup dengan lima saluran masuk: mata, telinga, hidung, mulut, dan tangan. Organ-organ tersebut mewakili panca indera: penglihatan, pendengaran, penciuman, rasa, dan sentuhan, yang melaluinya seseorang merasakan apa yang ada di luar.

Berbagai rangsangan masuk melalui lima saluran masuk tersebut, yang dikumpulkan dan diproses sesuai dengan informasi yang terdapat dalam ingatan orang tersebut. Hasilnya adalah gambaran realitas yang kemudian diproyeksikan pada "layar film" di otak belakang.

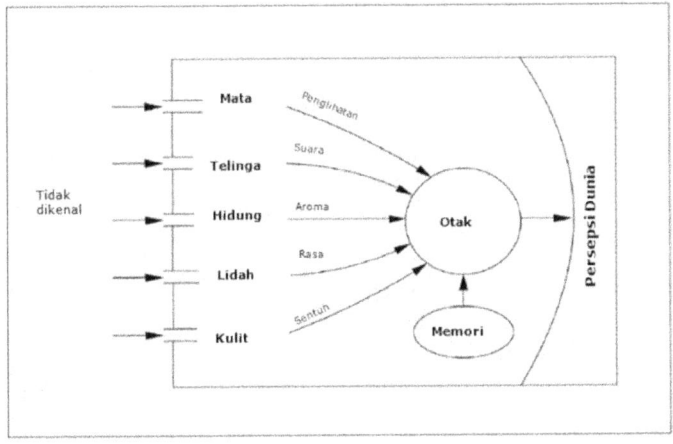

Ternyata apa yang kita rasakan, kita rasakan di dalam diri kita. Kenyataannya adalah tidak ada sesuatu pun di luar diri kita, kita hanya membayangkan bahwa hal itu ada. Seperti dalam mimpi, mata kita tertutup dan kita tidak melihat apa pun, namun kita mengalami berbagai macam "film" dalam pikiran kita. Hal ini juga terjadi saat kita terjaga dan seluruh indera kita aktif.

Apapun yang kita rasakan adalah kesan internal kita, *Reshimot*. Cara kita memproses *Reshimot* yang melayang di dalam diri kita setiap saat itulah yang menentukan gambaran kita tentang realitas. Secara alami, kita memprosesnya secara egois, sehingga kita mendapatkan gambaran dunia yang egois ini. Namun ketika kita memproses kualitas-kualitas baru yaitu mencintai dan memberi, kita melihat gambaran dunia spiritual.

Ternyata kita tidak bisa mengharapkan perubahan positif apa pun yang datang dari luar; semuanya tergantung pada perubahan kualitas batin kita.

"Semua alam, Atas dan Bawah, termasuk dalam diri manusia."

Baal HaSulam, "Pengantar Kata Pengantar Kearifan Kabbalah, Butir 1

Membangun Realitas

Ada dua kekuatan mendasar di Alam: kekuatan menerima dan kekuatan memberi. Kearifan Kabbalah mengatakan bahwa kombinasi yang berbeda dari kekuatan-kekuatan tersebut menciptakan segala sesuatu yang ada dalam kenyataan, termasuk kita. Kita merasakan dunia yang penuh dengan warna, suara, bentuk, tubuh, dan peristiwa. Semua ini berasal dari kombinasi tertentu dari dua kekuatan fundamental tersebut.

Kabbalah memungkinkan kita untuk keluar dari gambaran yang saat ini diproyeksikan kepada kita, dan menjadi pengarah realitas kita sendiri. Kedua kekuatan – kekuatan menerima dan kekuatan memberi – ditempatkan di tangan kita dan kita mulai membentuknya menjadi bentuk-bentuk. Selangkah demi selangkah, dunia demi dunia, kita menciptakan gambaran baru hingga kita mencapai realitas utuh yang disebut "dunia tanpa batas [*Ein Sof*]."

Titik didalam Hati

Kompas Batin

Pertanyaan: Adakah kompas dalam diri kita yang mengarahkan kita untuk mengungkap dunia spiritual?

Awalnya, saya diciptakan dalam bentuk saya yang telah dikoreksi, dalam keadaan yang disebut "dunia *Ein Sof*." Saya turun dari sana dan jatuh ke dalam keadaan yang disebut "dunia ini"—keadaan yang salah dan berlawanan. Saya seharusnya naik dengan cara yang persis sama dengan saat saya turun.

Kapan saya mulai merasa bahwa saya siap menghadapi jalannya, dan bagaimana saya tahu apakah ini jalannya? Ada kombinasi dua faktor di sini. Di satu sisi, saya menderita dalam hidup. Ini belum tentu merupakan penderitaan fisik; Saya mungkin punya materi berlimpah, namun tetap terasa hampa. Di sisi lain, saya merasakan ketertarikan, kecenderungan, kerinduan tertentu untuk mencapai asal mula kehidupan. Ini sudah menjadi kebangkitan "titik di hati".

Titik itu bagaikan gen spiritual yang ditanamkan dalam diri saya, setetes benih spiritual yang darinya jiwa saya akan berkembang. Rantai transisi yang akan saya jalani dalam perjalanan kembali ke *Ein Sof* didefinisikan dalam "titik di hati." Lalu, mau atau tidak, saya merasa harus mencapai solusinya. Suka atau tidak, saya akan menjumpai kearifan Kabbalah, di mana pun saya berada di muka bumi. Faktanya, ada beberapa contoh yang cukup membingungkan mengenai di mana dan bagaimana orang menemukan Kabbalah.

Bagaimana hal itu bisa terjadi? Dunia kita adalah medan spiritual, seperti medan magnet, dan titik di hati membawa kita ke suatu tempat di mana kita dapat memelihara dan mengisinya.

> "Barangsiapa ingin mencicipi cita rasa hidup hendaknya memperhatikan titik didalam hatinya."
>
> Rabash, *Tulisan Rabash*, Vol. 3, "TANTA"

Lahir Tanpa Sengaja

Saya dilahirkan dengan kualitas yang tidak saya pilih. Kemudian, lingkungan sekitar, keluargaku, dan pendidikan yang kuterima mempengaruhiku dari luar dan membentukku dengan cara tertentu. Beginilah caraku hidup—hasil dari dua faktor yang diberikan kepada saya yang saya tidak ambil keputusan.

Tiba-tiba muncul pertanyaan dalam diri saya: "Mengapa saya hidup? Untuk apa?" Saya juga tidak memilih pertanyaan-pertanyaan itu, pertanyaan-pertanyaan itu muncul begitu saja. Inilah awal kebangkitan "titik di hati" yang membawa kita ke dunia yang lebih tinggi. Di sinilah kemungkinan kebebasan memilih dimulai.

> "Seseorang harus mempunyai keyakinan bahwa ia mempunyai suatu tujuan dalam hatinya, yaitu percikan yang terang. Dan kita harus terus-menerus membangkitkan percikan itu, karena dia punya pilihan untuk membangkitkan tindakannya, sehingga tindakannya itu menerangkan."
>
> Rabash, *Tulisan Rabash*, Vol. 2, "Apa yang dimaksud dengan 'Penggembala Ternak Abraham dan Penggembala Ternak Lot' dalam Karya"

Awal Jiwa

Seluruh perkembangan spiritual terjadi pada "titik di dalam hati". Kita perlu mengembangkannya dan "mengembangnya" hingga sebesar balon. Di dalamnya, kita akan mengungkap Dunia Atas dan kehidupan spiritual.

Perbedaan antara merasakannya sebagai sebuah titik kecil dan merasakan seluruh dunia di dalamnya bergantung pada kemampuan kita untuk membedakannya. Mari kita begini: Dari luar angkasa, sebuah kota di Bumi terlihat seperti sebuah titik. Semakin dekat kita, semakin banyak detail yang kita lihat. Kita membedakan bangunan, mobil, dan pepohonan. Jadi, semakin dekat kita pada suatu objek, semakin banyak detail yang kita lihat.

Kemampuan kita untuk memahami detail dalam suatu poin berkembang seiring dengan karya Cahaya

Titik didalam Hati

yang mereformasi, yang ditemukan dalam tulisan-tulisan Kabbalistik. Oleh karena itu, kita tidak perlu mendambakan suatu tempat spiritual "di atas", namun hanya perlu memperluas titik dalam diri kita. Ini adalah awal dari jiwa.

> Ketika manusia lahir, dia langsung memiliki *Nefesh* dari *Kedusha* (Kekudusan)…yang karena kecilnya, disebut "titik". Ia tertanam dalam hati manusia, dalam keinginan seseorang untuk menerima, yang terutama ditemukan dalam hatinya.
>
> Baal HaSulam, "Pengantar Kitab Zohar," Butir 43

Sumber Kenikmatan

Jika "titik di hati" belum terbangun dalam diri seseorang, maka ia tidak akan merasakan hubungan apa pun dengan apa yang dibicarakan Kabbalah. Hal-hal ini tampaknya tidak penting. Akan tetapi, begitu titik ini tersadarkan, seseorang akan merasakan, meskipun dia tidak benar-benar memahami permasalahannya, ada sesuatu dalam kearifan ini yang menyentuh jauh di lubuk hatinya. Dengan demikian, orang tersebut akan menemukan sumber kesenangan bagi jiwanya.

> "Dan apabila Cahaya Atas menyinari hati, maka hati akan menjadi kuat."
>
> Baal HaSulam, *Shamati*, Esai no. 68

Jiwa

Saya Abadi

Tidak ada seorang pun yang berpikir bahwa kehidupan berakhir dengan kematiannya. Sekalipun mereka mengatakan sebaliknya, secara tidak sadar, orang tidak berpikir seperti itu. Jika kita melakukannya, kita tidak akan memiliki kekuatan untuk hidup lebih lama lagi.

Dalam diri kita masing-masing ada percikan jauh di lubuk hati, yang menghubungkan kita dengan keabadian. Kita semua merasakan bahwa kehidupan kita berbeda dengan kehidupan hewan. Sekalipun kita tidak menyadarinya, gagasan itu memengaruhi seluruh pendekatan kita terhadap kehidupan.

Mengembangkan Jiwa

"Keinginan untuk menerima terpatri dalam setiap
makhluk, dan merupakan perbedaan bentuk
dari Sang Pencipta, maka jiwa berpisah dari-Nya
sebagai organ yang terpisah dari tubuh... Hal ini
memperjelas apa yang diinginkan Sang Pencipta
dari kita—kesetaraan bentuk, untuk kemudian kita
bersatu kembali kepada-Nya...artinya mengubah
sifat-sifat kita, kemauan untuk menerima, dan
memperoleh sifat-sifat Sang Pencipta, yang hanya

untuk memberi, sehingga segala perbuatan kita hanya untuk melimpahkan kepada orang lain dan bermanfaat bagi mereka dengan kemampuan terbaik kita. Dengan melakukan hal itu kita mencapai tujuan untuk bersatu dengan-Nya, karena ini adalah kesetaraan bentuk."

Baal HaSulam, *Tulisan Generasi Terakhir*, Bagian I

Mengembangkan jiwa berarti mengembangkan sifat serupa dengan Sang Pencipta, yaitu sifat pemberian dan cinta kasih. Jika kita memperoleh kualitas itu maka kita telah menjadi serupa dengan Sang Pencipta. Dalam kualitas itu, kita mengungkapkan Sang Pencipta saat hidup di dunia ini.[22]

Kematian Klinis

Pertanyaan: Apa yang Kabbalah katakan tentang fenomena yang kadang-kadang dirasakan selama kematian klinis, ketika seseorang keluar dari tubuh dan melihatnya dari atas?

Ini tidak lebih dari sebuah fenomena psikologis. Bukan orang yang sudah berada di dalam jiwa dan mengamati tubuh dari dalamnya. Meskipun ini merupakan pelepasan tertentu dari tubuh, tidak lebih dari itu. Sebaliknya, ini adalah fenomena psikosomatis, bukan fenomena spiritual.

Penting untuk dipahami bahwa jika seseorang tidak mengembangkan jiwanya selama hidupnya, dia juga tidak akan merasakan dunia spiritual ketika meninggal dunia. Orang tersebut tetap memiliki titik potensi yang sama yang tertanam di dalamnya sejak lahir, dan harus kembali ke dunia ini untuk mengembangkannya di lain waktu.

Namun, seseorang yang mengembangkan jiwanya akan merasakan kedua dunia sekaligus. Orang tersebut merasakan dunia ini melalui panca indera, dan dunia spiritual (alias "dunia selanjutnya") melalui jiwa. Ketika tubuh mati dan seseorang berhenti merasakan dunia ini melalui panca indera, jiwa tetap ada, bersama dengan perasaan dunia spiritual.

> "Manusia hanya akan menemukan Cahaya yang ia dapatkan di dunia ini di masa depan. Dia yang mengetahui internalitas akan menikmati Cahaya Batin, dan dia yang tidak mencapainya tidak akan menikmatinya sama sekali."
>
> Ramchal, dalam suratnya kepada Rabbi Bassan [dalam Buku *Yarim Moshe*, [*Ketika Musa Diangkat*], Surat no. 62

Inkarnasi

> "Setiap orang dilahirkan hanya dengan sebagian kecil dari jiwa *Adam HaRishon* . Ketika seseorang mengoreksi bagian itu, dia tidak perlu lagi bereinkarnasi."
>
> Rabash, *Tulisan Rabash* , Vol. 1, "Tingkatan Apa yang Harus Dicapai Seseorang Agar Dia Tidak Harus Bereinkarnasi?"

Jiwa

Sang Pencipta menciptakan satu jiwa yang disebut *Adam HaRishon*. Jiwa itu terbagi menjadi banyak jiwa manusia. Jika, selama hidup ini, keinginan akan spiritualitas muncul dalam diri seseorang melalui studi Kabbalah, seseorang dapat mengungkap dunia spiritual dan kembali ke akar jiwa dalam diri *Adam HaRishon*.

Seseorang yang melakukan hal itu selama hidupnya telah menyadari dirinya sendiri. Seseorang yang mengakhiri hidupnya tanpa mencapai akar jiwa kembali ke dunia ini dan dilahirkan dalam tubuh baru. Begitulah yang terjadi sampai semua orang mengoreksi diri mereka sendiri dan dimasukkan kembali ke dalam *Adam HaRishon* .

> "Manusia bereinkarnasi hingga ia pantas mendapatkan Kearifan kebenaran sepenuhnya. Tanpa mereka, jiwanya tidak akan tumbuh sepenuhnya."
>
> Baal HaSulam, "Dari Dagingku Aku Akan Melihat Tuhan"

Siapa yang Sudah Ada di sana?

Pada prinsipnya, ketika seseorang memasuki dunia spiritual, ia mengungkapkan siapa yang ada di dalamnya dan siapa yang tidak. Namun, jika seorang Kabbalah ingin menyembunyikan dirinya, dia tidak dapat terlihat. Ada Kabbalis dengan peran tertentu yang menyembunyikan diri. Sebaliknya, Para Kabalis lainnya mengambil peran menerima jiwa-jiwa baru yang tiba di dunia spiritual dan membiasakan mereka dengannya.

Seseorang yang telah diberi penghargaan dengan "membuka mata" – pengungkapan dunia spiritual – bertemu dengan "pemandu" yang membantunya. *Zohar* [23] mendedikasikan esai khusus untuk menceritakan jiwa-jiwa unik yang bertemu dengan individu tersebut. Jiwa seperti itu disebut "pengemudi keledai," karena membantu seseorang naik dengan "keledai [*Hamor* (memiliki akar huruf Ibrani yang sama dengan "substansi/materi")]" miliknya – urusan seseorang (keinginan untuk menerima) – pada 125 derajat dunia spiritual hingga Ein Sof [tak terhingga].

Kitab Zohar

Cahaya Atas

> "Buku ini disebut *Kitab Zohar* [pancaran] karena pemberian Cahaya itu dari Pancaran Atas."
>
> Ramak, *Kenali Tuhan Ayahmu*, 2

Kitab Zohar adalah sumber utama yang kita miliki untuk mengoreksi manusia dan dunia. Di antara semua tulisan suci yang pernah ditulis, mulai dari *Raziel sang Malaikat* hingga Alkitab hingga zaman kita, tidak ada buku yang menandingi kekuatan spiritual *Kitab Zohar*. Ketika dikatakan Kabbalah adalah "internalitas Taurat" atau "Taurat kebenaran," pertama-tama dan terutama mengacu pada *Kitab Zohar*.

Di generasi kita, *Zohar* telah terungkap ke dunia berkat komentar *Sulam* [tangga], dan berkat pengenalan *Zohar* yang ditulis oleh Rav Yehuda Ashlag (Baal HaSulam).

Kitab Zohar adalah sistem tertutup yang dibangun dengan cara yang unik. Tampaknya ia memberi tahu kita apa yang terjadi di dunia kita: kisah manusia, hewan, pohon, bunga, gunung, dan bukit. Namun, sebenarnya ini berbicara tentang jiwa dan Kekuatan Atas. Sistem itu dimaksudkan untuk memajukan kita menuju keberadaan tanpa batas dalam pemahaman dan perasaan kita.

Sekitar 1.800 tahun yang lalu, sepuluh Kabbalis dengan tingkat spiritual tertinggi bergabung bersama dan menulis *Zohar* untuk kita. Di dikelompok Kabbalis tersebut terdapat jiwa-jiwa unik yang mewakili sepuluh *Sephirot*, sepuluh fondasi sistem Penciptaan yang komprehensif. Mereka mampu mengungkapkan keseluruhan struktur realitas. Di kepala, Rabbi Shimon Bar Yochai mewakili *Sephira Keter*, dan yang lainnya bersamanya mewakili *Sephirot* [jamak dari *Sephira*] *Hochma, Bina, Hesed, Gevura, Tifferet, Netzah, Hod, Yesod,* dan *Malchut.*

Para penulis *Zohar* menggunakan tanda-tanda yang disebut "huruf" untuk mengekspresikan bentuk eksternal dari sistem di mana mereka berada. Jika kita ingin terhubung ke sistem itu melalui huruf dan kata, sistem itu mulai mempengaruhi kita. *Kitab Zohar* dapat dibandingkan dengan layar sentuh—"menyentuh" *Zohar* menghubungkan kita dengan sistem Penciptaan yang komprehensif dan membuat kita tumbuh dan berkembang secara spiritual.

"Larangan dari atas untuk menahan diri mempelajari kearifan kebenaran secara terbuka hanya untuk jangka waktu terbatas, sampai akhir tahun 1490. Setelah itu dianggap sebagai generasi terakhir, yang mana larangan itu dicabut dan izin telah diberikan untuk terlibat dalam Kitab *Zohar*. Dan sejak tahun 1540, ini telah menjadi *Mitzva* (perintah) yang agung untuk dipelajari oleh banyak orang, baik tua maupun muda."

Rabi Abraham Ben Mordechai Azulai, Pengantar buku, *Ohr HaChama* [*Cahaya Matahari*], 81

Pendekatan yang Tepat

"Saat ini memerlukan percepatan perolehan Taurat batin. *Kitab Zohar* membuka jalan baru dan membuat jalan raya di padang pasir. *Zohar* dan seluruh hasil panennya siap membuka pintu penebusan."

Raiah Kook, *Orot* [Cahaya-cahaya], 57

Beberapa orang berpikir bahwa *Zohar* adalah buku etika yang menjelaskan perilaku yang pantas, dan hukuman yang diharapkan jika tidak berperilaku sesuai. Yang lain berpendapat bahwa *Zohar* menggambarkan dunia mistis yang ada di suatu tempat di luar sana, tanpa ada hubungannya dengan manusia.

Pandangan lain berpendapat bahwa *Zohar* tidak bermaksud memberi tahu kita apa pun. Sebaliknya, ini adalah buku yang ditulis oleh para Kabbalis tentang sesuatu yang hanya mereka pahami, dan bagi kit hal-hal ini tidak ada artinya. Mereka percaya kita hanya perlu membaca *Zohar* sebagai obat kesehatan, perlindungan dari masalah, dan membawa kesuksesan dalam hidup. Ada juga yang menganggap buku itu tidak dimaksudkan untuk dibaca sama sekali, dan cukup memilikinya di rumah atau di tempat kerja Anda agar buku tersebut bermanfaat bagi Anda.

Namun sebenarnya, *Zohar* hanya berbicara tentang atribut dan keinginan yang tersembunyi di dalam diri kita, dan tidak berbicara tentang hal lain. *Zohar* menggambarkan "anatomi spiritual" kita, struktur jiwa kita, kekuatan yang dikandungnya, dan keadaan yang dialaminya. Jiwa dibangun dari organ-organ spiritual, dengan nama yang identik dengan nama organ fisik tubuh kita. Selain itu, jiwa mencakup segala sesuatu yang tampaknya ada di dunia sekitar kita, bukan sebagai objek material, namun sebagai kekuatan dan kualitas. Penganut Kabbalis mengatakan bahwa manusia adalah dunia kecil.[24]

Ketika kita membuka *Zohar,* kita harus berkeinginan untuk mengidentifikasi semua hal yang disebutkan dalam diri kita. Segala sesuatu ada di dalam jiwa, dan hanya itu yang dibicarakan oleh *Zohar*. Jiwa adalah "keinginan untuk menerima" kolektif yang diciptakan Sang Pencipta , dan kita terikat untuk mengungkapkan bahwa tidak ada hal lain yang benar-benar ada. Dalam kemauan itu, kita ingin mendeteksi semua jenis level, kualitas, dan koneksi.

Saat membaca, kita harus berusaha mempertahankan pendekatan itu. Ketika hal itu hilang, kita harus mencoba memperbaruinya. Kenyataannya adalah kita tidak dapat mendeteksi apa pun sendiri, namun upaya kita untuk menemukan kata-kata di dalam diri kita memungkinkan Cahaya bekerja pada kita. Segala sesuatu yang kita baca dan cari di dalam diri kita mulai memproyeksikan "frekuensinya" kepada kita. Sesuai dengan hasrat kita untuk merasakan internalitas segala sesuatunya, "indra-indra baru" mulai muncul dalam diri kita yang dengannya kita dapat merasakan gambaran yang sebenarnya, gambaran spiritual.

> "Karena Israel ditakdirkan untuk mencicipi Pohon Kehidupan, yaitu *Kitab Suci Zohar*, melaluinya, mereka akan ditebus dari pengasingan."
>
> *Kitab Zohar*, Porsi *Naso* , butir 90

Tumbuh Seperti Bayi

> *Zohar* Suci menghubungkan manusia dengan ketidakhingaan."
>
> Rabbi Moshe Bar-Eliyahu, Sisa Israel, "Gerbang Penghubung," Gerbang 1, Risalah 5, Esai 2

Kitab Zohar adalah hubungan antara kita dan sistem spiritual. Jika kita mengetahui cara "mengaktifkan" *Zohar* dengan benar, kita menerima Cahaya yang berubah melaluinya. Cahaya bekerja pada kita dan secara bertahap mengoreksi kita, mengangkat kita, memurnikan kita, membangun indra, perasaan, dan pikiran baru dalam diri kita. Kita mengembangkannya secara bertahap, seperti bayi yang tumbuh dari hari ke hari.

Seorang bayi yang lahir ke dunia tidak mengetahui dimana ia berada. Dia terbuka untuk memahami dunia dan memahaminya. Apakah dilengkapi dengan instruksi? Tidak.

Ia mengembangkan indera yang akan mengungkapkan dunia, kemudian mengembangkan indera lebih jauh untuk mengungkapkan lebih banyak. Saat membaca *Zohar*, kita harus melakukan hal yang sama. Ini adalah pendekatan paling alami, tumbuh seperti bayi.

Sebenarnya, kondisi kita sedikit lebih rumit. Seorang bayi dilahirkan dengan indera dan hanya mengembangkannya, sedangkan kita tidak memiliki indra spiritual apa pun. Secara rohani, kita belum dilahirkan. Inilah sebabnya mengapa *Zohar* pertama-tama membangun indra-indra itu dalam diri kita, yang berarti ia melahirkan kita dalam arti spiritual, dan baru kemudian mengembangkan indera-indera baru dan membesarkan kita.

Perjalanan Menuju Kata-kata

> Seseorang yang belum melihat Terang
> *Kitab Zohar* belum pernah melihat Terang
> seumur hidupnya.
>
> Rabbi Tzvi Hirsh dari Ziditshov, *Ateret Tzvi*
> [Mahkota Kemuliaan], *BeHaalotcha*
> [Saat Anda Naik]

Teks *Zohar* dibangun sedemikian rupa sehingga mendalaminya adalah sebuah petualangan, seperti memasuki hutan lebat. Anda tidak tahu apa yang menanti Anda di dalam, ke mana jalannya, atau bagaimana cara keluarnya.

Kitab Zohar

Pada awalnya, Anda tidak tahu apa-apa. Secara bertahap, Anda mulai memasukkan kata-kata dan melihat bahwa cerita-cerita itu memiliki kedalaman. Anda mempelajarinya, dan teks tersebut mulai memengaruhi Anda, dan sebagai imbalannya, Anda mulai bekerja dengan teks tersebut. Setiap kata dan setiap konsep menjadi banyak, dan dengan demikian Anda maju.

Memasuki *Zohar* bukannya tanpa kesulitan. Tujuan dari kesulitan ini adalah untuk menghancurkan kecerdasan dan emosi jasmani. Kesulitan-kesulitan inilah yang membuka kemampuan kita untuk memahami dan merasakan sesuatu yang baru. Kita hancur di dalam dan mulai merasakan apa yang kita hadapi. "Hutan" mulai bersih dan kita mulai merasakan sistem di dalamnya. Hal ini mirip dengan monyet yang melompat secara alami di antara pepohonan, karena jelas bagi mereka apa yang sedang terjadi; mereka dan hutan benar-benar satu kesatuan. Kita juga akan menjadi seperti ini.

Zohar memiliki sistem pintu masuk bertingkat. Saat berpindah dari level ke level, Anda menyingkirkan ide, perspektif, dan berbagai kebiasaan yang membatasi, dengan imbalan sesuatu yang baru. Anda tidak punya pilihan selain menyesuaikan diri dengan formulir sampai Anda berhasil. Hal ini terjadi pada semua tingkatan—emosional, intelektual, dalam pemahaman, dan dalam perspektif. Kita harus melalui berbagai jaringan dan saringan yang terus menerus mengubah kita menjadi sesuatu yang baru, hingga kita lahir.

Secercah Cahaya

> "Mereka akan bersinar seperti kecerahan cakrawala… Merekalah yang mengerahkan kecerahan ini, yang disebut *Kitab Zohar*."
>
> *Kitab Zohar, BeHaalotcha* [Saat Anda Memasang], butir 88

Manusia Adalah Dunia Kecil

> "Manusia mencakup segalanya."
>
> Baal HaSulam, "Makna Pembuahan dan Kelahiran"

Kearifan Kabbalah mengajarkan kita bahwa dunia ada di dalam diri kita. Tentu saja kita tidak merasakannya. Sebaliknya, kita melihat dunia luas di sekitar kita. Apa yang harus kita lakukan? Untuk membantu kita maju menuju persepsi yang benar, para Kabbalis menulis *Kitab Zohar* untuk kita. *Zohar* adalah "buku kerja" yang dimaksudkan untuk memungkinkan kita meningkatkan persepsi kita tentang realitas.

Saat membaca *Zohar*, kita mencari ke dalam segala sesuatu yang dijelaskan dalam buku tersebut. Musa, Harun, Daud, imam, orang Lewi, pohon, binatang, Pencipta, makhluk, malaikat, dan jiwa semuanya ada di dalam diri kita. Kita harus menggambarkan ini hanya sebagai kualitas batin kita. Tidak ada apa pun selain itu, tidak ada orang, tidak ada dunia, tidak ada apa pun. Hanya jiwaku dan kearifan di dalamnya yang ada, seperti yang dijelaskan dalam *Zohar*.

Ketika kita mencoba membayangkan nama dan konsep yang tertulis dalam *The Zohar,* kita benar berulang kali ditarik kembali ke penggambaran eksternal dan jasmani. Namun, upaya kita untuk menggambarkan kualitas dan keinginan batin akan menyebabkan "titik di hati" kita mulai berkembang, dan titik itu adalah awal dari jiwa.

Setelah sekian lama berlatih terus menerus, artinya membaca *Zohar*, perkataannya akan mulai menggugah segala macam sensasi dalam diri kita. "Musa pasti seperti ini; Firaun itu, dan inilah Gunung Sinai." Entah bagaimana, melalui kabut disorientasi, segalanya akan mulai menjadi jelas. Secara bertahap, kita akan melihat kualitas-kualitas yang berbeda dan hubungan di antara kualitas-kualitas tersebut di dalam jiwa. Inilah cara kita menemukan seluruh Ciptaan di dalam diri kita.

Mengatur Dunia yang Bergerak

Membaca *Zohar* mirip dengan secara tidak sengaja menekan tombol instrumen canggih dan mengaktifkan proses dramatis. Mirip dengan bayi yang berteriak dan menyebabkan orang lain bergerak. Meskipun ia hanya berbaring dan berteriak, tangisannya mempengaruhi ibu dan ayahnya. Bayi tersebut tidak tahu bahwa pabrik-pabrik bekerja di seluruh dunia untuk membuat popok, permainan, dan semua yang dibutuhkan untuk membuat hidup menjadi mudah dan membantunya berkembang. Ini adalah bagaimana kita mempengaruhi sistem Kekuatan Atas saat membaca *Zohar*, jika kita ingin berkembang.

"Bahasa *Zohar* menyembuhkan jiwa, bahkan ketika seseorang tidak mengerti apa yang dikatakannya. Hal ini serupa dengan seseorang yang memasuki tempat wewangian; bahkan ketika dia tidak mengambil apa pun, dia masih menyerap aromanya."

Rabbi Moshe Chaim Ephraim dari Sudilkov, *Degel Machaneh Ephraim* [*Panji Perkemahan Efraim*], Kutipan

Seperti Membuka Pintu

Jika kita ingin membuka hati terhadap cinta, *Zohar* akan memengaruhi kita. Ibarat membuka pintu rumah agar angin segar masuk dari luar.[25]

Pekerjaan Batin

Semuanya Ada di Dalam

Dimensi spiritual tidak ada hubungannya dengan tindakan fisik. Itu semua ditemukan di dalam hati. Dalam kearifan Kabbalah, hati melambangkan keinginan kita. Kita harus melihat ke dalam hati kita dan membuat segala macam pertimbangan di dalamnya: bagaimana kita mengarahkannya ke dalam satu atau lain cara—ke arah diri kita sendiri, ke arah orang lain, atau ke arah Sang Pencipta. Seolah-olah hati harus mengembang agar kita bisa berada di dalamnya, seperti berada di laboratorium, mencampurkan zat-zat tertentu, lalu mengarahkannya dan mengamati cara kerjanya.

Bila menggunakan cara lain, manusia diharuskan melakukan segala macam tindakan, sedangkan dalam kearifan Kabbalah tidak diperlukan tindakan eksternal. Pekerjaan itu bersifat internal. Inilah sebabnya mengapa Kabbalah disebut "Kearifan yang tersembunyi."

Mengenali Kebatilan

Tahap perkembangan pertama, menurut Kearifan Kabbalah, adalah mampu mengenali kebatilan. Ada tertulis (Mazmur 36:10), "Dalam terang-Mu kami akan melihat terang."

Untuk menemukan kebatilan, pertama-tama seseorang perlu menarik Cahaya melalui penelitiannya—sebanyak tentang Itu—untuk menemukan bahwa ada sesuatu yang batil di dalam diri kita.

Hanya ketika kita menemukan kebatilan dan memahami apa yang batil, barulah kita menjadi jelas bagaimana mengubahnya menjadi kebaikan.

Menjadi Setetes Air Mani

Kita maju menuju dimensi spiritual yang tidak kita ketahui dengan mengambil Cahaya yang melakukan reformasi darinya. Ini adalah kekuatan yang mengembangkan "titik di hati" kita, "tetesan air mani" jiwa. Upaya kita meningkatkan penurunan tersebut dan memasangnya dalam mekanisme spiritual yang disebut "rahim." Perkembangan tetesan mani spiritual ibarat proses perkembangan tetesan air mani fisik yang diperluas dalam kearifan Kabbalah.[26]

Tahap pertama disebut "tiga hari penyerapan air mani". Pertama kali seseorang merasa terhubung dengan Yang Maha Atas (derajat di atasnya). Berikutnya adalah "empat puluh hari untuk menghasilkan keturunan," dan tiga bulan perkembangan di masing-masing tiga kompartemen rahim, sehingga totalnya menjadi sembilan bulan.

Ngomong-ngomong, waktu dalam spiritualitas tidak diukur dengan jam atau faktor eksternal apa pun yang berubah. Sebaliknya, waktu adalah perubahan internal yang dialami seseorang. Bulan-bulan pembuahan rohani adalah pembaruan, perubahan yang dialami oleh keinginan untuk menerima, yang merupakan bahan dari mana kita semua diciptakan.

Sebagai proyeksi dari proses spiritual, hal serupa terjadi di dunia jasmani. Sebagaimana dalam spiritualitas, di dunia kita, darah berasal dari ibu hingga setetes air mani dan mengembangkan tubuh janin. Kita menerima Cahaya khusus dari "Bunda *Bina*" yang disebut *Dam* [darah], dari kata Ibrani, *Domem* [masih]. Kenapa disebut diam? Sebelum menerima Cahaya itu, kita berada dalam keadaan diam dan pasif. Kita tidak tahu apa yang harus dilakukan; kita hanya ingin Yang Atas mempengaruhi kita. Kita siap untuk apa pun, asalkan Yang Atas memberikannya kepada kita. Kemudian Dia memberikannya dan kita mulai berkembang sebagai janin spiritual.

Sungguh menakjubkan melihat bagaimana proses-proses tersebut dijelaskan dengan sangat rinci dalam tulisan-tulisan Kabbalistik, yang mencakup ratusan halaman. Hal ini mencakup pemahaman yang belum ditemukan oleh ilmu pengetahuan, mengenai penelitian tentang "tahapan kehamilan duniawi."

Mari kita kembali ke spiritualitas. Kita akan mampu mengembangkan titik awal keinginan kita akan spiritualitas jika kita berpegang teguh pada dinding rahim Yang Maha Atas seperti setetes air mani. Ketika ini terjadi, Yang Atas mempengaruhi kita dan kita berkembang—tetesan air mulai bertambah, dan fenomena khusus terasa di dalamnya. Selama tahap kehamilan, kita hanya perlu menjaga agar kita tidak menganggu Yang Atas didalam mengembangkan kita. Ketika tahap pembuahan berakhir, kita "dilahirkan", dan jenis pekerjaan rohani yang baru dimulai.

> "Orang yang ingin keluar dari rasa cinta terhadap diri sendiri dan memulai pekerjaan 'pemberian' adalah seperti orang yang meninggalkan semua keadaan di mana seseorang dulu hidup ... memasuki alam yang belum pernah ia alami. Oleh karena itu, ia harus menjalani "bulan-bulan pembuahan dan bulan-bulan pembuahan" hingga ia dapat memperoleh sifat-sifat baru."
>
> Rav Baruch Shalom Ashlag (Rabash), *Tulisan Rabash*, Vol. 1, "Saat Seorang Wanita Melakukan Inseminasi"

Tantangan baru

Mustahil untuk berkembang tanpa harus menghadapi latihan baru setiap saat, mengerahkan diri untuk memecahkan masalah yang lebih rumit, kecewa, terjatuh, dan bangkit kembali. Ini seperti seorang anak yang belajar matematika. Orang yang berpengetahuan luas merancang masalah untuk dia pecahkan, dan dia tidak akan bisa maju jika dia tidak mencoba menyelesaikannya.

Seluruh proses pertumbuhan didasarkan pada pemecahan masalah. Ini adalah bagaimana kita berkembang di dunia kita ketika berada di jalur menuju perkembangan spiritual. Tanpa masalah dan hambatan yang diberikan kepada kita di jalan spiritual, kita tidak akan mampu naik ke tingkat berikutnya.

Untuk lebih memahami Sang Pencipta, kita harus memperluas alat persepsi kita. Awalnya selalu terasa seperti kekosongan dalam hasrat, hati, dan pikiran, namun kemudian kita belajar bagaimana mengisinya dengan wahyu baru.

> "Setiap hari dan setiap saat seseorang harus memulai hal baru, seolah-olah dia belum pernah melakukan apa pun dalam hidupnya."
>
> Baal HaSulam, Surat no. 57

Tidak Ada Yang Lain Selain Dia

Seseorang yang maju dalam proses spiritual harus menyadari bahwa semua rintangan di jalan spiritual berasal dari Sang Pencipta. Mereka disediakan dalam tingkatan yang berbeda-beda dan dalam berbagai bentuk, sesuai dengan struktur jiwa dan apa yang perlu dijalani untuk menyelesaikan koreksi spiritualnya.

Kita tidak dimaksudkan untuk memeriksa *mengapa* kita menerima hambatan khusus tersebut. Kita tidak akan pernah bisa memahami hambatan-hambatan selama kita berada pada derajat di mana kita mengalaminya. Kita perlu mengatasi mereka, seolah-olah tidak memperhatikannya, dan hanya memikirkan tujuan spiritual kita.

Dengan mengatasi hambatan-hambatan dalam mencapai tujuan, kita dapat mengubahnya menjadi penolong, dan tujuan itu sendiri dibangun secara khusus dari hambatan-hambatan sebelumnya.

Tidak ada rintangan yang datang kepada seseorang secara kebetulan; semuanya ditentukan berdasarkan kualitas jiwa. Cara setiap jiwa hancur menentukan sifat hambatan yang muncul untuk memperbaikinya. Dengan mendambakan tujuan spiritual meskipun ada rintangan, kita memperbaikinya, dan tujuan tersebut dipenuhi dengan pencapaian, pemahaman, emosi, dan hubungan dengan Sang Pencipta.

> "Pada saat pencapaian, keberlimpahan dirasakan, terungkap dan menetap tepat pada semua hal yang berlawanan... dan seluruh organ dan uratnya akan mengatakan dan bersaksi kepadanya bahwa setiap orang di dunia akan memotong tangan mereka dan kaki tujuh kali sehari untuk mendapatkan satu momen dalam seluruh hidup mereka dengan rasa yang mereka rasakan."
>
> Baal HaSulam, Surat no. 8

Melalui Tindakan Anda Kami Akan Mengenal Anda

Sang Pencipta adalah kekuatan yang bekerja di dunia, "kekuatan yang dioperasikan." Dia memegang Penciptaan dan memperbaharuinya.

Pekerjaan Batin

Dia menciptakanku, Dia kini membangun hati dan otak dalam diriku, merasakan, melihat, memenuhi indera. Sekarang, ketika saya melihat sesuatu, berbicara dengan seseorang, Kekuatan yang memberi saya gambaran tentang realitas dan merancangnya di dalam diri saya—dalam emosi, kecerdasan, dan segalanya—disebut "Pencipta."

Jika Dia melakukan segalanya, lalu apa yang harus saya lakukan sendiri? Hanya pemahaman bahwa inilah yang terjadi, dari-Nya. Jika saya ingin bertumbuh, maka dari titik kecil kesadaran itu, "saya" saya bisa bertumbuh. Perkembangannya adalah saya mulai mengenal Dia sebagai balasannya, bagaimana Dia membangun materi, gaya, dan sistem operasi secara keseluruhan.

"Melalui perbuatanmu, kamu akan kami kenal sekarang" adalah apa yang dikatakan oleh Kearifan Kabbalah. [27]Artinya, ketika aku mengungkapkan tindakan-Nya dalam diriku, aku mencapai Dia, Yang berdiri di belakangku dan membangun keseluruhan gambaran ini dalam diriku.

"Tidak ada yang lebih alami daripada menjalin hubungan dengan Sang Pencipta, karena Dialah pemilik Alam. Sesungguhnya setiap makhluk mempunyai kontak dengan Sang Pencipta, sebagaimana ada tertulis, 'Seluruh bumi penuh dengan kemuliaan-Nya,' namun tidak ada yang mengetahui dan merasakannya. Orang yang mendapat pahala melalui kontak dengan-Nya hanya memperoleh kesadaran, seperti orang yang mempunyai harta di dalam sakunya tetapi tidak mengetahuinya, dan seseorang datang dan memberitahukan kepadanya tentang apa yang ada di dalam sakunya, dan sekarang dia telah benar-benar menjadi kaya."

Baal HaSulam, *Tulisan Generasi Terakhir*, Bagian 2

"Lihatlah, Dia Berdiri di Balik Tembok Kita"

Orang-orang yang baru memulai jalan spiritual kadang-kadang mencapai pengungkapan spiritualitas tertentu melalui pengerahan tenaga batin. Pengungkapan itu datang kepada mereka dengan cara yang tidak dapat dimengerti dan tidak jelas, namun membawa suatu perasaan.

Tiba-tiba, mereka mulai merasakan ada sesuatu, seperti tertulis, "Di sana dia berdiri di balik tembok kita." [28]Sesuatu dalam diri kita telah berubah, sesuatu telah berubah di balik dunia ini; ada sesuatu yang mengisi semuanya dan mengaktifkan semua orang.

Ada situasi di mana pengungkapan itu bersifat sementara dan berangsur-angsur hilang, dan ada keadaan lanjut di mana wahyu diterima secara permanen. Ketika hal itu terjadi, kita melampaui apa yang terjadi di dunia material untuk memasuki dunia sebab-sebab, dan kita merasakan hubungan kita dengan Sang Pencipta.

Dan ketika kita dihargai karena menyatu dengan kekuatan dan tindakan di luar materi, kita mengidentifikasi diri kita dengan ketidakterbatasan.

Internalitas Taurat

Keluarlah dari Negaramu

"Pergilah dari negerimu, dari tanah airmu,
dan dari rumah ayahmu, ke negeri yang akan
Kutunjukkan kepadamu."

Kejadian 12:1

Abraham adalah kekuatan dalam diri kita, melambangkan awal perkembangan jiwa. Setelah seseorang berkembang dalam kehidupan dalam berbagai bentuk, tanpa mengetahui secara pasti ke mana dia pergi, apa yang terjadi dengan dirinya dan mengapa, dia mulai merasa bahwa mungkin hidup memiliki tujuan yang tidak dia sadari. Ada hal lain yang layak dicapai dalam hidup; hidup tidak hanya pada tingkat di mana kita hidup, berakhir di sana. Ketika seseorang mulai berpikir seperti itu, dikatakan bahwa "Abraham" sedang berbicara di dalam dirinya.

Dari manakah Ibrahim berasal? Dari "penyembahan berhala." [29]Hingga saat ini, seseorang mengapresiasi segala jenis tujuan jasmani, bahkan sampai menjadikannya "berhala". Namun ketika seseorang mulai merenungkan apa yang didapatnya dari kehidupan ini, pada akhirnya seseorang akan menghancurkan berhala-berhala tersebut dan mulai mencari sesuatu yang baru.

Orang seperti itu mencari, tetapi tidak tahu persis apa yang dia cari. Kemudian, dari situasi tersebut, seseorang mendengar suara dalam dirinya berkata, "Kamu tidak akan bisa maju seperti sekarang. Anda harus pergi ke tempat baru, ke pandangan hidup yang baru."

> "Keluarlah dari negerimu" berarti atas kemauanmu sendiri—keinginan yang dibawa sejak lahir, yaitu "keinginan untuk menerima kegembiraan dan kesenangan," yang merupakan cinta diri."
>
> Rav Baruch Shalom Ashlag (Rabash), *Tulisan Rabash*, Vol. 1, "Keluarlah dari Negaramu"

Peristiwa-peristiwa Batin

Seseorang yang berkembang secara spiritual menemukan apa yang tertulis dalam kitab suci. Ia mengalami segala sesuatu sebagai peristiwa batin pada langkah-langkah perkembangan spiritual yang "menyelubungi" setiap kata, setiap kalimat, dan setiap cerita dalam Taurat. Dunia batin seseorang dibangun adegan demi adegan, seperti halnya dalam film. Inilah bagaimana jiwa berkembang.

> "Setiap jiwa rela menarik jiwa Musa, Harun, Samuel, Daud, dan Sulaiman ke dalamnya, sesuai masa-masa yang dialaminya. Saat keluar dari Mesir

dan menerima Taurat, jiwa Musa muncul di sana; selama tujuh tahun yang mereka taklukkan, jiwa Yosua; dan dalam pembangunan Bait Suci, jiwa Raja Salomon."

Baal HaSulam, "600.000 Jiwa"

Dosa dan Lebih Banyak Dosa

Ketika kita membaca Taurat, sepertinya Israel terus-menerus berbuat dosa dan membuat marah Sang Pencipta. Mereka tidak mendengarkan Dia dan mereka memberontak melawan Dia. Sang Pencipta ingin menghancurkan mereka, dan Musa berdiri di antara mereka, memohon dan melindungi mereka. Bangsa Israel seolah-olah sudah tidak ada harapan lagi dan akan selalu mendapat kesulitan.

Namun, yang terjadi justru sebaliknya. Dari kata pertama Taurat, "Pada mulanya Tuhan menciptakan," hingga kata terakhir, "Di mata seluruh Israel," Taurat hanya berbicara tentang satu hal: mengoreksi jiwa.

Jiwa terdiri dari 613 keinginan [30] yang harus kita koreksi pada masing-masing 125 derajat spiritual. Kita harus mengubah cara kita menggunakan keinginan ini dari egois menjadi altruistik, dari "untuk menerima" menjadi "untuk memberi." Proses koreksi terjadi melalui Cahaya yang mereformasi, yang membawa kita dari tahap ke tahap hingga berakhirnya koreksi. Taurat hanya berbicara tentang proses ini, yang pertama-tama mengungkapkan keinginan egois dan kemudian memperbaikinya. Kebatilan selalu terungkap terlebih dahulu, dan baru kemudian dikoreksi menjadi kebaikan.

Ketika apa yang tertulis dalam Taurat disalahpahami, hal-hal tersebut tentu saja tampak dipertanyakan. Misalnya, begitu bangsa Israel diberi imbalan karena bisa keluar dari Mesir, mereka membuat patung anak lembu emas. Namun, kita harus memahami bahwa ini adalah cara kita maju, setiap saat mengungkap kebatilan pada tingkat yang lebih tinggi dan memperbaikinya. Hanya dengan cara inilah kita dapat menaiki tangga spiritual hingga tak terhingga.

"Tuliskan di Papan Tulis Hatimu"

Ada perintah yang menyatakan bahwa setiap orang hendaknya menulis kitab Taurat untuk dirinya sendiri. [31]Dari segi internalitas Taurat berarti seseorang harus mengalami secara internal semua keadaan yang tertulis dalam Taurat Musa. Ini berbicara tentang derajat spiritual yang harus kita capai dengan mengoreksi sifat egois kita dan mengungkapkan segala sesuatu yang terjadi di dalam diri kita.

Penulisan Taurat dilakukan atas hati, atas hawa nafsu kita. Di setiap derajat, keinginan-keinginan baru muncul dalam diri kita dan kita harus menuliskannya, *Taamim, Nekudot, Tagin,* dan *Otiot (TANTA)*. Setelah kita selesai menulis *TANTA* pada semua keinginan kita, kita mencapai kelekatan penuh dengan Sang Pencipta.[32]

"Tujuan penciptaan… [adalah] untuk mengangkat seseorang ke derajat yang lebih tinggi dan lebih penting, untuk merasakan Tuhannya seperti sensasi manusia, yang telah diberikan kepadanya. Sebagaimana seseorang mengetahui dan merasakan keinginan sahabatnya, maka ia pun akan mempelajari jalan Sang Pencipta, sebagaimana ada tertulis tentang Musa, 'Dan Tuhan berbicara kepada Musa secara langsung, seperti manusia berbicara kepada temannya.' Siapa pun bisa menjadi seperti Musa."

Baal HaSulam, "Ajaran Kabbalah dan Hakikatnya"

Kitab Suci

"Internalitas kearifan Kabbalah tidak lain adalah internalitas Alkitab, Talmud, dan legenda."

Baal HaSulam, "Ajaran Kabbalah dan Hakikatnya"

Kitab Suci hanya berbicara tentang pengungkapan Sang Pencipta kepada seseorang yang hidup di dunia ini. Para penulis yang menyusun tulisan-tulisan ini adalah orang-orang yang memiliki pencapaian spiritual, dan hanya menulis tentang pengungkapan kehidupan spiritual. Memang, inilah tujuan keberadaan kita di bumi ini.

Kitab suci pantas diberi gelar "kudus" karena perannya adalah menuntun kita menemukan kesucian, kualitas kasih dan pemberian, sifat Sang Pencipta.

Secercah Cahaya

Kitab Suci ditulis dalam beberapa gaya. Setiap pengikut Kabbalah menulis menurut keadaan jiwa pada masanya dan menurut akar jiwanya sendiri. Penulis menjelaskan kepada kita bagaimana Sang Pencipta menampakkan diri dalam batin seseorang dengan berbagai cara, dengan menggunakan segala macam bentuk dan gambaran, baik langsung maupun tidak langsung, samar-samar dan terang-terangan. Namun, kita terbiasa hanya melihat gambaran dangkal seperti seekor lembu yang menanduk sapi, gambaran Daud bersama Bat Sheba, atau gambaran para pengembara yang menaklukkan Tanah Israel dan mengusir penduduknya.

Dengan melakukan hal ini, kita telah menurunkan Taurat dari ketinggian keilahiannya dan mengubahnya menjadi novel sejarah, buku etika, atau konstitusi. Kita belum terhubung dengan penulisnya, yang ingin menghubungkan kita dengan Sang Pencipta.

> Celakalah orang yang mengatakan bahwa Taurat datang untuk menceritakan kisah-kisah literal dan kata-kata yang tidak mendidik seperti Esau dan Laban. Jika demikian halnya, bahkan saat ini kita dapat mengubah perkataan orang yang tidak berpendidikan menjadi hukum, dan bahkan lebih baik daripada perkataan mereka. Dan jika Taurat menunjukkan hal-hal duniawi, bahkan para penguasa dunia mempunyai hal-hal yang lebih baik di antara mereka, maka marilah kita mengikutinya dan mengubahnya menjadi hukum

dengan cara yang sama. Namun, semua kata-kata dalam Taurat mempunyai arti yang paling utama.

> *Kitab Zohar* dengan Komentar *Sulam* [Tangga],
> *BeHaalotecha* [Saat Anda Naik], item 58

Bahasa Cabang

Taurat, metode koreksi yang diberikan Musa kepada bangsa Israel, ditulis dalam bahasa cabang. Ia menggunakan konsep jasmani (cabang) untuk menunjuk pada unsur spiritual (akar).

Para Kabalis, orang-orang yang mencapai kedua dunia—dunia jasmani dan rohani—dapat "memecahkan kode" bahasa dari cabang-cabang tersebut. Mereka mengidentifikasi akar spiritual mana yang ditentukan oleh cabang jasmani apa, oleh karena itu, dalam internalitas Taurat, mereka melihat instruksi Taurat untuk pekerjaan batin mengoreksi ego dan mengembangkan jiwa.

Orang yang tidak memiliki pencapaian spiritual hanya dapat melihat gambaran jasmani dalam bahasa cabang. Mereka hanya melihat eksternalitas Taurat dan tidak menganggap ada sesuatu yang tersembunyi di dalamnya. Fenomena ini disebut "mewujudkan hal-hal," [33] dan ini berasal dari keterpisahan Israel dari dunia spiritual selama ribuan tahun.

Sampai zaman kita, para Kabbalis tidak mengatakan apa-apa tentang hal itu. Namun ketika imigrasi ke Tanah Israel dimulai, yang menandakan berakhirnya masa pengasingan, mereka keluar dari persembunyiannya. Mereka menyatakan sudah waktunya untuk mengenal tujuan hidup melalui Kearifan Kabbalah sekali lagi, sesuatu yang telah dilupakan sejak runtuhnya Bait Suci.

Keunikan kearifan Kabbalah adalah tidak membiarkan kita memperlakukan segala sesuatu secara jasmani. [34]Diuraikan secara rinci seluruh unsur "kehendak menerima" dan tahapan pembetulannya masing-masing, lengkap dengan sketsa dan perhitungannya. Kabbalah menuntun kita selangkah demi selangkah meningkatkan tingkat koreksi dan mengajari kita apa yang harus kita lakukan di setiap tingkat dan bagaimana caranya. Hal ini tidak membuat kita membayangkan bahwa kita bisa mencapai sesuatu yang baik dalam hidup kita kecuali kita memperbaiki ego kita, dan menunjukkan kepada kita bahwa cara untuk mencapainya adalah melalui tindakan internal.

> "Hanya melalui perluasan Kearifan Kabbalah pada masyarakat kita akan memperoleh penebusan sepenuhnya... Baik individu maupun bangsa tidak akan menyelesaikan tujuan penciptaan mereka, kecuali dengan mencapai internalitas Taurat dan rahasia-rahasianya. Oleh karena itu, kita harus mendirikan seminari dan menulis buku untuk mempercepat distribusi kearifan ke seluruh negeri."
>
> Baal HaSulam, "Pengantar Buku, Panim Meirot uMasbirot," Butir 5

Orang Saleh

Saleh dan Batil

> "Diketahui dari buku-buku dan dari para penulis bahwa Sang Pencipta itu Maha Pengasih. Artinya, bimbingan-Nya tampak bagi yang lebih rendah sebagai kebajikan."
>
> Baal HaSulam, *Shamati*, Esai no. 34

Para Kabalis menulis bahwa Sang Pencipta itu baik dan baik hati, bahwa Dia menciptakan kita untuk memberi manfaat bagi kita, bahwa Dia mencintai dan peduli pada kita. Namun, ketika kita memeriksa kehidupan kita, nampaknya kita masing-masing kekurangan sesuatu; kita semua memiliki keluhan tentang apa yang terjadi pada kita dalam hidup.

> "Dalam keadaan tersebut, ketika mereka tidak dapat mengatakan bahwa Sang Pencipta hanya memberikan kebaikan, mereka dianggap batil karena penderitaan membuat mereka mengutuk Pencipta mereka. Hanya ketika mereka melihat bahwa Sang Pencipta memberi mereka kesenangan barulah mereka membenarkan Sang Pencipta. Hal ini seperti yang dikatakan oleh orang bijak kita,

Secercah Cahaya

> "Siapakah yang benar? Dia yang membenarkan Penciptanya."
>
> Baal HaSulam, *Shamati*, Esai no. 34

Kearifan Kabbalah mengajarkan kita bahwa untuk bisa merasakan bahwa Sang Pencipta itu baik dan maha pengasih, kita harus mengoreksi *kli* (wadah) persepsi kita. Orang yang melakukan hal ini disebut *Tzadik* (benar/adil) karena hanya dengan demikian Sang Pencipta dapat dibenarkan.

Artinya Sang Pencipta, Kekuatan Atas Alam, itu baik dan baik hati, namun kita tidak merasakannya karena Dia menciptakan kita berlawanan dengan Dia, egois. Melalui koreksi kita, kita menjadi serupa dengan-Nya, dan *kli* (wadah) persepsi kita meluas.

Dapat dikatakan bahwa kita ibarat muatan negatif dalam medan muatan positif yang luas, dan tugas kita adalah menjadi positif lalu terus berkembang. Derajat mendekatkan diri kepada Sang Pencipta, mendekati Yang Mutlak Positif, adalah derajat positif, yang berarti derajat perasaan baik, dan itulah yang Kabbalah sebut sebagai "derajat kebenaran."

Perasaan didalam Hati

> "Orang yang saleh adalah orang yang tenggelam dalam dunia Sang Pencipta... Dia selalu berproses dan menerima perasaan-perasaan yang baik dan menyenangkan, dan dia tenggelam dalam kesenangan yang tiada henti. Oleh karena itu,

Orang Saleh

> dia selalu memberkati Sang Pencipta, yang menciptakannya untuk memberinya dunia yang baik dan menyenangkan."
>
> Baal HaSulam, Surat no. 55

Menurut kearifan kebenaran, tidak mungkin merasa buruk sekaligus memberkati Sang Pencipta. Perasaan kita di lubuk hati yang paling dalam menentukan apakah kita benar atau batil, dan bukan apa yang kita ucapkan dengan lantang.[35]

Kalau hati kita merasa tidak enak, niscaya kita sedang mengutuk Sang Pencipta. Jika hati kita merasa baik, kita sedang memberkati Sang Pencipta. Tidak ada pilihan lain. Ternyata orang yang bertakwa bukanlah orang yang menerima kesengsaraan dengan pasrah, melainkan orang yang mengoreksi wadah persepsinya dan bersamanya dapat merasakan realitas sejati yang penuh Cahaya.[36]

Tiga Puluh Enam Orang Salih

Tiga Puluh Enam Orang Benar [37]adalah sebuah konsep spiritual. Ini menyangkut sistem kekuatan yang menahan dan mempertahankan realitas. Mereka adalah jiwa-jiwa istimewa yang melaluinya kelimpahan dipindahkan ke tingkat dunia ini. Cahaya menyebar dari mereka dalam berbagai cara tak kasat mata dan mempertahankan kehidupan pada berbagai tingkatan—diam, vegetatif, hidup, dan manusia. Tanpa cahaya itu, tanpa energi itu, bahkan elektron pun tidak akan mampu bergerak.

Sebuah Grup

Mereka Membantu Setiap Orang Temannya

"Seseorang tidak dapat mengangkat dirinya sendiri diatas lingkarannya. Oleh karena itu, seseorang harus menarik lingkungannya. ...Jika seseorang memilih lingkungan yang baik untuk dirinya sendiri, ia akan menghemat waktu dan tenaga, karena ia digambarkan sesuai dengan lingkungannya."

Baal HaSulam, *Shamati*, Esai no. 225

Bangsa Israel dimulai sebagai sekelompok orang yang dikumpulkan Abraham di Babilonia kuno. Mereka bersatu untuk mencapai dunia spiritual, menggunakan metode Kabbalah yang dikembangkan Abraham. Prinsip bersatu dalam suatu kelompok adalah dasar dari metode Kabbalah, dan mengapa para pengikut Kabbalah selalu terikat dalam kelompok.

Jika kita sendirian di dunia ini, kita tidak akan mampu keluar dari diri kita sendiri dan mencapai spiritualitas. Inilah sebabnya Sang Pencipta membagi satu jiwa menjadi beberapa bagian. Sebuah realitas tercipta di mana kita hidup di dunia dengan banyak orang di sekitar kita. Dari keadaan ini,

Sebuah Grup

jika kita ingin mencapai spiritualitas, kita harus bergabung dengan orang lain yang menginginkannya juga.

Bagian tertentu dari Kearifan Kabbalah menjelaskan bagaimana berperilaku dalam suatu kelompok, kerja spiritual timbal balik yang harus kita lakukan, dan bagaimana membantu satu sama lain. Seseorang tidak memiliki cukup kekuatan untuk keluar dari dirinya sendiri, dan membutuhkan kekuatan tambahan. Di dalam kelompok, dia menemukan orang-orang yang mendukungnya. Mereka mendorongnya, dia mendorong mereka, dan mereka semua bekerja sama.

Laboratorium Niatan

> "Manusia diciptakan dengan *Kli* (wadah/keinginan) yang disebut 'cinta diri sendiri'...Tanpa meniadakan cinta diri, mustahil mencapai *Dvekut* (adhesi) dengan Sang Pencipta, artinya kesetaraan bentuk. Dan karena hal ini bertentangan dengan sifat kita, kita memerlukan masyarakat yang dapat membentuk kekuatan besar sehingga kita dapat bekerja sama."
>
> Rabash, *Tulisan Sosial Rabash*,
> "Tujuan Masyarakat (2)"

Grup ini ibarat laboratorium tempat kita mempertajam niat. Laboratorium tersebut mencakup teman-teman, tulisan Kabbalah, dan seorang guru Kabbalah yang telah mencapai spiritualitas. Kami belajar tentang kekuatan cinta dan memberi, kekuatan Sang Pencipta, dan berusaha mewujudkannya dalam grup. Kami tidak mencobanya sendiri, dalam imajinasi kami, namun dengan orang-orang yang melalui proses yang sama.

Bersama-sama, kita menerima arahan mengenai apa artinya meningkatkan pemberian, cinta kasih, dan memberi, serta menjadi lebih seperti Sang Pencipta. Upaya kita yang terus-menerus untuk membangun kualitas Sang Pencipta dan mengembangkan kerinduan agar kualitas tersebut mengalahkan kita adalah "pekerjaan dengan niat."

Wadah Bersama

> "Masing-masing dari mereka mempunyai percikan cinta satu sama lain, namun percikan itu tidak dapat menyalakan cahaya cinta… sehingga mereka sepakat bahwa dengan bersatu, percikan itu akan menjadi nyala api yang besar."
>
> Rabash, *Tulisan Sosial Rabash*, "Seseorang Harus Selalu Menjual Balok Rumahnya"

Hanya ada dua kekuatan dalam kenyataan, yaitu kekuatan menerima dan kekuatan memberi, cinta diri dan cinta orang lain. Secara alami, ego kita menghargai kekuatan menerima. Pekerjaan dalam kelompok bertujuan untuk meningkatkan dalam diri kita pentingnya kekuatan memberi.

Semakin kita menghargai kekuatan itu, semakin kita menghargainya dan semakin kita bisa maju. Ketika pengiklan terus-menerus mencoba menjual barang-barang yang tidak berguna kepada kita, kelompok tersebut harus mengiklankan pentingnya kekuatan memberi sampai kita merasa bahwa mencintai dan memberi seperti Sang Pencipta adalah hal terbaik yang bisa dilakukan.

> "Ada satu hal yang harus kita upayakan— *apresiasi terhadap spiritualitas*."
>
> Rabash, *Tulisan Sosial Rabash*, "Agenda Majelis"

Di dalam kelompok, kami membaca bersama teks Kabbalah yang menggambarkan keadaan kami yang telah diperbaiki. Kami berusaha bersatu dengan menolak kebencian dan rasa tidak hormat yang kami rasakan, serta keinginan kami untuk saling mengontrol. Saat kita belajar, Cahaya reformasi secara bertahap mempengaruhi kita dan wadah bersama terbentuk di antara kita. Sang Pencipta tidak terungkap dalam diri saya atau dalam diri Anda, tetapi dalam ikatan di antara kita. Oleh karena itu, sebuah wadah baru tercipta dalam kelompok tersebut, di mana kita dapat merasakan kehidupan spiritual, yaitu Cahaya.

Sebagai Satu Manusia dengan Satu Hati

> "Ketika seluruh umat manusia sepakat untuk menghapuskan dan menghapuskan keinginan mereka untuk menerima untuk dirinya sendiri, dan tidak memiliki keinginan lain selain memberi

kepada sahabatnya, maka segala kekhawatiran dan bahaya di dunia akan lenyap."

Baal HaSulam, "Pengantar Kitab Zohar," Butir 19

Di generasi kita, seluruh umat manusia harus menjadi satu kelompok besar dan mengoreksi dirinya sendiri. Untuk melakukan itu, Rav Baruch Shalom HaLevi Ashlag (Rabash), putra dan penerus Baal HaSulam, menulis lusinan esai tentang pekerjaan dalam kelompok. Beliau memberikan kepada dunia doktrin persatuan dengan panduan rinci mengenai semua keadaan yang ada dalam hubungan dalam kelompok. Kami belajar dan berkembang secara spiritual sesuai dengan tulisannya.

Teknologi memungkinkan kita menyampaikan metode koreksi melalui TV dan internet ke mana pun di dunia. Pelajaran tentang Kearifan Kabbalah disiarkan langsung setiap hari, dan melaluinya ribuan orang bergabung dengan kelompok murid ini. Ada yang berkumpul di pusat pembelajaran "Kabbalah untuk Semua" dan ada pula yang bergabung secara virtual.

Saat ini, berbagai cara untuk bergabung dengan grup terbuka bagi siapa saja yang tertarik untuk mengembangkan spiritual. Bahkan jarak fisik antar manusia di seluruh dunia tidak lagi menjadi kendala. Kita berbicara tentang menciptakan ikatan internal di antara kita, dan ternyata kita bisa menjalin ikatan yang baik dengan orang lain melalui media karena yang terhubung bukanlah tubuh, melainkan hati.

Sebuah Grup

Dalam kelompok besar ini, dengan cabang di seluruh dunia, orang-orang berbeda secara fisik, namun secara internal sangat mirip. Mereka semua ingin merasa menjadi bagian dari dunia yang penuh cinta, keamanan, dan kemakmuran, serta ingin memastikan kehidupan yang lebih baik bagi anak-anak mereka dan diri mereka sendiri. Inilah sebabnya mereka bersatu.

Pada akhirnya, Kearifan Kabbalah harus menjadi metode pendidikan global, yang menawarkan kepada umat manusia cara untuk aman dari bahaya. Kabbalah, metode persatuan, akan menghubungkan dan mempersatukan manusia dengan ikatan saling berkomitmen, memberi, dan cinta.

> "Peran bangsa Israel adalah membuat dunia memenuhi syarat untuk mendapatkan tingkat kemurnian tertentu"
>
> Baal HaSulam, *"Arvut* [Jaminan Bersama]," Butir 21

Kabbalah dan Agama

Mitzvot [Perintah] –Koreksi Keinginan

Pertanyaan: Apa pentingnya *Mitzvot* [Perintah] pada jalan spiritual?

Dalam spiritualitas, melakukan *Mitzvot* memiliki arti yang berbeda dari apa yang biasa kita lakukan— *Mitzvot* adalah koreksi atas keinginan. Kearifan Kabbalah menjelaskan bahwa jiwa terdiri dari 613 keinginan. [38]Kita harus memperbaiki cara kita menggunakannya dari egois menjadi altruistik, dari "untuk menerima" menjadi "untuk memberi."

Setiap koreksi tersebut disebut "melakukan *Mitzva* [bentuk tunggal dari *Mitzvot*]," dan jumlah semua koreksi keinginan disebut "melakukan 613 *Mitzvot* ."[39]

Bagaimana cara kita memperbaiki keinginan egois? Kita memperbaikinya dengan Cahaya yang mereformasi, yang datang dengan mempelajari Kabbalah. Ini adalah bagaimana kita secara bertahap mencapai kesetaraan dengan Sang Pencipta dan pengungkapan dunia spiritual.

Karena *Mitzvot* dilakukan dalam spiritualitas, para Kabbalis menetapkan adat istiadat di dunia jasmani—*Tefillin, Talit, Mikveh* [ritual mandi], *Kashrut [makanan Kosher]*, dan seterusnya.

Kabbalah dan Agama

Dari mana datangnya adat istiadat tersebut? Bagaimana kita tahu cara melakukannya? Sejak Abraham mengumpulkan sekelompok Kabbalah di sekelilingnya, yang selama bertahun-tahun menjadi bangsa Israel, bangsa itu merasakan dunia spiritual. Ia hidup dengan perasaan yang jelas akan kekuatan komprehensif alam, kekuatan cinta dan pemberian. Orang yang sama yang mencapai spiritualitas merasakan Akar Atas dan menunjuk cabang-cabangnya di dunia ini. Mereka memberi tahu kita bagaimana Kekuatan Atas ditiru di dunia material, dan dengan demikian menentukan kebiasaan mana yang harus dijalankan dan bagaimana caranya.

Bagi mereka, dunia spiritual dan dunia jasmani merupakan satu realitas, satu kesatuan yang kompleks. Mereka melakukan *Mitzvot* dalam spiritualitas , dan adat istiadat dalam jasmani. Namun, setelah kehancuran Bait Suci, spiritualitas menghilang dan masyarakat hanya tinggal memiliki adat istiadat jasmani. Akibatnya, mereka mulai memperlakukan adat istiadat sebagai *Mitzvot*, sedangkan keberadaan internal, spiritual, koreksi keinginan, dilupakan.[40]

"Taurat dan *Mitzvot* diberikan hanya untuk menyucikan Israel, untuk mengembangkan dalam diri kita rasa mengenali kebatilan, yang tertanam dalam diri kita sejak lahir. Hal ini umumnya didefinisikan sebagai cinta diri kita sendiri, dan untuk mencapai kebaikan murni yang didefinisikan sebagai 'cinta terhadap orang lain', yang merupakan satu-satunya jalan menuju cinta Sang Pencipta."

Baal HaSulam, "Kebebasan"

Apa yang Penting bagi Sang Pencipta?

Ada tertulis di *Midrash Rabah:* "Mitzvot [perintah] diberikan hanya untuk menyucikan manusia dengan perintah tersebut. Mengapa Dia, Sang Pencipta, peduli siapa yang menyembelih dari tenggorokan dan siapa yang menyembelih dari belakang leher?"[41] Dengan kata lain, Sang Pencipta tidak peduli bagaimana kita menyembelih hewan, baik di tenggorokan atau di belakang leher, baik secara Kosher atau tidak. Yang penting bagi-*Nya* adalah pemurnian dan penyucian manusia.

Kami akan menjelaskan hal di atas. Seperti yang kami katakan, ada 613 keinginan dalam keinginan kita untuk menerima, semuanya diarahkan pada diri kita sendiri. Memanfaatkan hawa nafsu dengan cara seperti itu dianggap pelanggaran. Memperbaiki hawa nafsu demi kebaikan orang lain disebut *Mitzva* [perintah/perbuatan baik]. Membalikkan arah perbuatan hawa nafsu dari dalam ke luar disebut "pertobatan". [42]Hanya ini yang perlu kita lakukan di dunia ini, karena substansi dari mana kita diciptakan tidak lebih dari sekedar keinginan, seperti yang dijelaskan Baal HaSulam dalam "Kata Pengantar Kearifan Kabbalah."

Inilah sebabnya Sang Pencipta tidak peduli bagaimana kita menyembelih binatang dan sejenisnya, tapi peduli dengan apa yang kita lakukan dengan hati kita, dengan keinginan kita. [43]Memperbaiki keinginan dari "untuk menerima" menjadi "untuk menganugerahkan" disebut juga dengan "mengoreksi jiwa", dan itulah yang membawa kita pada kesetaraan dengan Sang Pencipta. Singkatnya, inilah keseluruhan cerita; tidak ada hal lain yang ada dalam kenyataan ini.

Meski begitu, masih ada pertanyaan yang muncul, "Bagaimana dengan semua adat istiadat Israel yang sudah kita kenal selama beberapa generasi?" Memang benar, inilah budaya bangsa Israel, sebuah kerangka eksistensi yang dimaksudkan untuk melestarikan kita sebagai bangsa Israel. Kita harus menghormati kerangka tersebut, karena kerangka tersebut telah menjaga kita selama ribuan tahun, namun hal tersebut tidak berpengaruh pada koreksi jiwa. Pada akhirnya, semua bangsa harus memperbaiki jiwa mereka, dan mereka akan melakukannya tanpa menjaga kosher dan sejenisnya.

Ringkasnya, ada perbedaan mendasar antara mengoreksi jiwa dan menghormati kerangka eksistensi tradisional bangsa Israel. Saat ini, kita wajib mengenali perbedaan itu dan menempatkan segala sesuatu pada tempatnya.[44]

Agama Cinta

> "Tujuan penciptaan berlaku bagi seluruh umat manusia, tidak ada yang tidak ada."
>
> Baal HaSulam, "Cinta Sang Pencipta dan Cinta Manusia"

Di masa depan, semua orang akan bercita-cita untuk hidup sesuai dengan prinsip "Cintailah tetanggamu seperti dirimu sendiri." Penganut semua agama dan masyarakat dari semua bangsa akan hidup berdasarkan satu "agama" yang komprehensif, yang di dalamnya hanya ada satu prinsip—cinta terhadap sesama sebagai sarana untuk mengungkapkan Sang Pencipta.

Tulisan "Generasi Terakhir" karya Baal HaSulam, agama tersebut disebut sebagai "agama bersama bagi semua bangsa", "agama yang setara bagi seluruh dunia", "agama cinta sesama", "agama altruisme", dan "agama cinta." Yang dimaksud dengan "agama" Baal HaSulam adalah metode mengoreksi sifat manusia seperti yang disarankan oleh Kabbalah. Hal ini juga terlihat dalam esainya yang berjudul "Esensi Agama dan Tujuannya". Baal HaSulam menekankan "Bentuk keagamaan semua bangsa, Cintailah sesamamu manusia seperti dirimu sendiri'... Namun sebaliknya, tiap negara boleh menganut agama dan tradisinya masing-masing, dan yang satu tidak boleh mencampuri urusan yang lain."[45]

Kabbalah adalah metode koreksi universal. Ia menghormati agama sebagai kerangka budaya tradisional bagi setiap bangsa. Namun di luar budaya, setiap orang—Yahudi, Kristen, Muslim, semua agama, dan semua bangsa—harus mengoreksi jiwa mereka melalui metode Kabbalah.

Bentrokan antar agama yang terjadi sepanjang sejarah bermula dari kenyataan bahwa masing-masing agama mengklaim kepemilikan Sang Pencipta, akhirat, dan definisi imbalan dan hukuman. Namun segera setelah kita memahami bahwa tidak ada agama yang berhubungan dengan tingkat keberadaan spiritual, atau dengan koreksi jiwa, maka faktor pemisah tersebut dinetralkan di semua agama, dan rasa tidak hormat serta kebencian terhadap orang lain pun lenyap. Tiap bangsa mungkin tetap mempertahankan adat istiadatnya masing-masing, dan perbedaan antara bangsa dan budaya justru menciptakan tekstur kemanusiaan yang kaya.

Penciptaan Dunia

Pertanyaan: Bagaimana Kabbalah berhubungan dengan kontradiksi antara penciptaan dunia 5.773 tahun yang lalu dan teori Big Bang?

Big Bang terjadi sekitar 14 miliar tahun yang lalu. Penyebabnya adalah percikan Cahaya Atas yang mencapai derajat paling rendah, diselimuti egoisme. Percikan tersebut mencakup semua materi dan energi di dunia kita, dan dari situlah seluruh alam semesta kemudian berkembang.

Planet Bumi terbentuk sekitar 4,6 miliar tahun yang lalu, sebagai bagian dari tata surya kita. Selama beberapa miliar tahun kerak bumi mendingin hingga atmosfer dan kehidupan muncul.[46]

Tidak ada yang kebetulan. Keseluruhan perkembangan tersebut merupakan manifestasi dari informasi yang ditemukan pada percikan awal tersebut.

Setelah alam mati, munculah alam vegetatif, alam hidup, dan manusia. Penafsiran evolusi berdasarkan bentuk luar yang kita amati—yaitu kemunculan suatu spesies yang berkembang dari spesies sebelumnya, yang menjadi asal mula spesies lain berkembang—tidaklah benar. Alasan munculnya setiap elemen di Alam adalah informasi yang berakar dari percikan cahaya. Evolusi sebenarnya adalah proses mengungkap (mengembangkan) potongan data (gen), yang oleh Kabbalah disebut *Reshimot* [ingatan].

Ratusan ribu tahun yang lalu, manusia berevolusi dari kera, seperti yang juga ditulis oleh ARI dalam *Tree of Life*,"[47] namun baru 5.773 tahun yang lalu (sesuai dengan tanggal penulisan baris-baris tersebut), keinginan untuk mengungkapkan Sang Pencipta pertama kali muncul dalam diri manusia. Hari dimana ia mulai mengungkapkan Sang Pencipta dianggap sebagai "hari Penciptaan", secara spiritual, karena pada saat itulah perkembangan spiritual umat manusia dimulai. Namun, ini tidak mengacu pada waktu penciptaan dunia secara material, yang terjadi miliaran tahun sebelumnya.

Kearifan yang Tersembunyi

Kita mempelajari dunia kita melalui sains untuk mengungkap apa yang tersembunyi dari kita. Namun, ada bagian lain dari kenyataan, dunia yang tersembunyi, dunia yang lebih tinggi, yang tidak dapat diungkapkan oleh ilmu pengetahuan. Untuk merasakan bagian dari realitas itu, seseorang harus mengoreksi sifatnya, yaitu ego. Hanya dengan cara itulah seseorang dapat mulai merasakan dunia yang tersembunyi dan mempelajarinya secara ilmiah.

Semua keyakinan dan agama yang berbeda adalah teori tentang dunia yang tersembunyi (Tuhan), dan tentang hal-hal yang dunia ini wajibkan untuk kita lakukan. Teori-teori ini berbeda-beda dan bahkan bertentangan satu sama lain. Mereka semua ada karena bagian dari realitas itu tersembunyi dari kita. Tak satu pun dari mereka memberikan metode praktis untuk mengungkapkan dunia yang tersembunyi (mengungkapkan Tuhan).

Kabbalis adalah orang-orang yang memperoleh kualitas cinta dan memberi, yang melaluinya mereka mencapai dunia tersembunyi. Mereka menggambarkan struktur Dunia Atas dan menawarkan pilihan untuk mengungkapkannya kepada semua orang yang menginginkannya. Hal-hal tersebut tidak mengharuskan kita mengubah cara hidup kita, karena tidak ada hubungan antara tindakan jasmani dan perolehan kualitas cinta dan memberi. Di sini, yang penting bukan tentang beriman kepada Tuhan, tetapi tentang mengungkapkan Sang Pencipta.

Kabbalah dan Sains

Kabbalah – Akar Segala Ilmu Pengetahuan

> "Kearifan ini tidak lebih dan tidak kurang dari rangkaian akar-akar yang menggantung melalui sebab dan akibat, melalui aturan-aturan yang tetap dan pasti, terjalin menjadi satu tujuan luhur yang digambarkan sebagai wahyu Ketuhanan-Nya kepada makhluk-makhluk-Nya di dunia ini. dunia."
>
> Baal HaSulam, "Esensi Kearifan Kabbalah"

Kearifan Kabbalah sebenarnya adalah akar dari semua ilmu pengetahuan, karena ia berbicara tentang kekuatan kolektif dari seluruh realitas—Sang Pencipta. Kekuatan ini melingkupi seluruh realitas dan mencakup dunia kita dan Dunia Atas. Seluruh realitas tercakup dalam kekuatan tunggal ini.

Kabbalah menjelaskan kepada kita cara kerjanya, apa tujuannya, bagaimana ia mengatur kita, dan apa yang diinginkannya dari kita. Ketika kita mengungkap kekuatan kolektif dan seluruh bagiannya, yang memenuhi seluruh realitas, kita juga memahami tujuan keberadaan setiap bagian dalam realitas dan cara terbaik menggunakannya.

> "Keajaiban terbesar mengenai Kearifan ini adalah integrasi di dalamnya. Maksudnya, seluruh unsur realitas yang luas itu berproses melaluinya, berintegrasi, terjalin, dan menyatu hingga menjadi satu kesatuan—Yang Maha Kuasa— yang menyatukannya."

Baal HaSulam, "Ajaran Kabbalah dan Hakikatnya"

Yang Terungkap dan Yang Tersembunyi

Dunia diungkapkan kepada kita melalui panca indera kita. Jumlah dari apa yang kita terima dengan meneliti lingkungan kita merupakan ilmu pengetahuan kita. Hanya untuk kemudahan saja kita membaginya ke dalam bidang tersendiri seperti fisika, kimia, dan biologi, dan masih banyak fenomena yang masih belum kita rasakan, sehingga belum ada ilmu pengetahuan yang berkaitan dengan hal tersebut. Kita mungkin akan menemukan bidang-bidang ini besok dan mulai mempelajarinya, sehingga memperluas ilmu pengetahuan kita.

Namun, ada fenomena dalam kenyataan yang berada di luar jangkauan indra kita. Kita tidak akan mampu melihat fenomena spiritual, bahkan jika kita mengembangkan teknologi yang luar biasa dan instrumen yang luar biasa untuk meningkatkan indera kita karena indera kita beroperasi melalui penyerapan, sedangkan spiritualitas hanya dapat diungkapkan melalui pemberian dan pemberian, ketika kita keluar dari diri kita sendiri, untuk yang lain. Bagian dari realitas ini, yang akan selalu tersembunyi dari persepsi egoistik kita, disebut Dunia Atas, dunia spiritual.

Jadi bagaimana kita bisa maju? Kekuatan Atas Alam, yang menciptakan kita sebagai makhluk egois, juga dapat mengubah kita jika kita tahu cara mendekatkannya kepada kita. Ketika Dunia Atas terungkap kepada kita, kita akan mulai mempelajarinya dan mendokumentasikan fenomenanya. Inilah bagaimana Ilmu Pengetahuan Atas tercipta, dan bagaimana Kearifan Kabbalah berkembang.

Kearifan Eksternal

"Untuk melangkah maju secara ilmiah, yang kita butuhkan hanyalah kearifan Kabbalah, karena seluruh ajaran di dunia termasuk dalam kearifan Kabbalah."

Baal HaSulam, "Kebebasan"

Kearifan Kabbalah menjelaskan realitas kepada kita, dimulai dari titik awal penciptaannya. Ini menggambarkan bagaimana realitas ini turun dan mengalir melalui seluruh Dunia Atas hingga ke dunia kita. Dunia kita adalah tingkat terakhir dari penurunan ini, dan meniru semua detail yang ada pada tingkat spiritual di atasnya.

Para Kabalis menyebut Kearifan dunia ini sebagai "Kearifan eksternal" karena semua Kearifan dan ilmu pengetahuan yang kita miliki di dunia ini tidak memiliki internalitas—pemahaman tentang dari mana segala sesuatu berasal dan mengapa. Mereka kurang mengenal Emanator, Kekuatan Atas yang mengatur segalanya melalui sebab dan akibat.

Mengamati dari Atas

Ketika seorang ilmuwan mempelajari Alam, dia mengambil zat tertentu, memanipulasinya dengan cara tertentu, seperti memanaskan atau mendinginkannya, dan mengukur reaksi zat tersebut terhadap manipulasi tersebut. Seorang ilmuwan sepertinya sedang mengamati dari atas. Kita dapat melakukan tindakan-tindakan tersebut pada derajat yang lebih rendah di Alam — benda mati, tumbuh-tumbuhan, dan binatang, namun kita tidak dapat melakukannya pada diri kita sendiri.

Kita tidak bisa benar-benar mengatasi diri kita sendiri dan mempelajari diri kita sendiri dari atas. Untuk mengetahui apa itu manusia, kita harus mengamatinya dari tingkatan di atas tingkat manusia. Inilah sebabnya mengapa psikologi dan psikiatri, yang mempelajari masalah "manusia" masalah-masalah manusia – keinginan dan pemikiran mereka – bukanlah jenis ilmu yang sama dengan ilmu alam. Bagaimanapun kemajuan kita dalam bidang-bidang tersebut, permasalahannya masih belum jelas. Kita mungkin belajar lebih banyak lagi, tapi kita tidak akan mampu benar-benar menembus kedalaman hati dan pikiran manusia. Memahami kedalaman itu mustahil tanpa Kearifan batin, Kearifan Kabbalah.

Kabbalah berhubungan dengan internalitas manusia, mengamati substansi yang membentuk kita dan mengungkapkan bagaimana kita diatur, merespons, dan beroperasi. Kabbalah memungkinkan kita untuk naik ke tingkat dimana kita diatur dan mempelajari diri kita sendiri dari sana.

> "Sama seperti seseorang harus beradaptasi dengan alam material dan kekuatan-kekuatannya, demikian pula seseorang harus beradaptasi dengan aturan-aturan alam spiritual, yang lebih mendominasi seluruh realitas ... dan lebih dominan di seluruh batin seseorang."
>
> Raiah Kook, *Orot HaKodesh*
> [*Lampu Kesucian*] 4, hal 440

Mikroskop Spiritual

Dalam seluruh Ciptaan, hanya ada dua kekuatan, dua kualitas: Cahaya (kualitas pemberian), dan keinginan untuk kesenangan (kualitas penerimaan), yang diciptakan oleh Cahaya. Segala sesuatu yang lain berasal dari mereka. Hal ini mirip dengan matematika, di mana ada nol dan sesuatu yang lain, dan keseluruhan matematika berasal dari keduanya.

Kearifan Kabbalah memungkinkan kita mengembangkan "mikroskop batin" yang melaluinya kita dapat "melihat" kekuatan spiritual, kekuatan pemberian. "Melihat" berarti merasakan dan memahaminya. Namun, untuk mengukur dan mengenal kekuatan-kekuatan tersebut, kita perlu memiliki kekuatan yang kita berikan pada diri kita sendiri.

Setelah memperoleh kekuatan pemberian, kita mengembangkannya seperti mikroskop super sensitif yang dapat kita fokuskan dengan cara berbeda, menembus kedalaman substansi (keinginan), dan mengamati berbagai fenomena di dalamnya (menerima-memberikan) sesuai dengan kepekaan. wadah persepsi kita.

"Ini adalah aturan yang tidak dapat diubah bagi semua Para Kabalis bahwa 'apa pun yang tidak kita capai, tidak kita definisikan dengan nama dan kata.'"

Baal HaSulam, "Esensi Kearifan Kabbalah"

Apa selanjutnya?

Sains tidak dapat mengangkat kita ke tingkat eksistensi yang lebih tinggi karena kita tidak dapat mengubah sifat kita melaluinya. Sains hanya datang untuk membantu kita memenuhi keinginan kita.

Mari kita ilustrasikan hal itu. Seandainya kita dapat sepenuhnya memuaskan diri kita sendiri dan menjadi sepuas mungkin setiap saat: makan tanpa henti, mendengar tanpa henti, melihat tanpa henti—segalanya secara maksimal dan tanpa henti. Lalu apa? Sains tidak dapat membawa kita ke tingkat eksistensi yang lain.

Kearifan Kabbalah, sebaliknya, membangun sifat baru dalam diri kita. Ini mengangkat kita ke tingkat Kekuatan Atas dan memberi kita hasrat baru dan kepuasan tak terbatas.

Ternyata ada perbedaan mendasar antara sains dan Kabbalah. Sains memberi kita pengetahuan yang dapat membantu kita memperbaiki kondisi kita di dunia ini, sedangkan Kabbalah mengangkat kita ke Dunia Atas. Oleh karena itu, pada generasi kita, ketika dunia ini tidak cukup bagi kita, Kearifan Kabbalah terungkap.

"Di mana kearifan penelitian berakhir, di situlah Kearifan Kabbalah dimulai."

Rabbi Nachman dari Breslev,
Pembicaraan tentang Moharan, hal 225

Kerohanian

Tujuan Keberadaan

Pertanyaan: Apa sebenarnya tujuan keberadaan kita?

Tujuan keberadaan kita adalah untuk mencapai ketidakterbatasan, artinya keberadaan tanpa batas dalam waktu, tempat, gerak, persepsi, dan pemenuhan. Inilah kehidupan spiritual—hidup dalam harmoni, kesatuan, pengertian, dan pencapaian. Semua keinginan kita terwujud secara penuh dan kita bisa melakukan *apa saja* . Ini adalah derajat di mana makhluk ciptaan menyetarakan dengan Sang Pencipta.

Diantara kita

> "Spiritualitas adalah sumber kehidupan dan kesenangan."
>
> Baal HaSulam, *Shamati* , Esai no. 145

Keterbatasan spiritualitas ada di dalam diri kita, jauh lebih dalam dari semua keinginan kita saat ini. Di luar hasrat kita akan makanan, seks, keluarga, uang, kehormatan, kekuasaan, dan pengetahuan, ada hasrat pribadi, penting, dan besar, yaitu hasrat spiritual. Ketika hasrat spiritual, yaitu "titik di hati", terbangun dalam diri kita, kita tertarik untuk mengungkap makna hidup. Titik itulah awal dari bagian kekal dalam diri kita. Semakin kita akrab dengan suatu hal dan mengembangkannya, semakin kita mengenalinya dan melihat kehidupan di dalamnya.

Ini adalah sensasi yang sangat tinggi, internal dan menggairahkan. Kita mulai menyadari bahwa kehidupan material hanya diberikan kepada kita agar kita dapat mengembangkan kehidupan spiritual pada saat itu. Seiring berkembangnya poin tersebut, kita mengungkap keseluruhan realitas di dalamnya, sebuah dunia, sebuah dimensi internal yang belum pernah kita rasakan sebelumnya.

> "Cacing itu, yang lahir di dalam lobak, tinggal di sana dan berpikir bahwa dunia ini seperti lobak tempat ia dilahirkan. Namun begitu ia memecahkan kulit lobak dan mengintip keluar, ia berkata dengan bingung: 'Saya pikir keseluruhannya dunia ini sebesar lobak tempat saya dilahirkan. Sekarang saya melihat dunia yang megah, indah, dan menakjubkan di hadapan saya!'"
>
> Baal HaSulam, "Pengantar Kitab Zohar," Butir 40

Itulah Kehidupan Saya setelah Usia Pertengahan

> "Tetapi ketika separuh hidupnya telah berlalu, dimulailah hari-hari kemunduran, yang menurut

Kerohanian

> isinya adalah hari-hari kematiannya. Sebab, seseorang tidak mati dalam sekejap, sebagaimana ia tidak menerima nyawanya dalam sekejap. Melainkan lilinnya, karena egonya, layu dan mati sedikit demi sedikit."
>
> Baal HaSulam, "Kebebasan"

Pada usia paruh baya, banyak orang mulai mengalami penurunan. Mereka terbiasa dengan kehidupan ini dan tahu bahwa mereka tidak akan mencapai lebih dari yang mereka miliki. Inilah saatnya mereka mulai menurun. Hasrat dan nafsu mereka membara hingga akhirnya tidak menemukan tujuan hidup selanjutnya.

Namun ketika seseorang mencapai kehidupan spiritual, keadaan akan terjadi sebaliknya. Seseorang terus-menerus mencapai lebih banyak. Hasratnya terus mengalami peningkatan, dan seseorang terus bergerak seperti pendulum—dari kanan ke kiri ke kanan—membangun dirinya di "garis tengah". Orang seperti itu terus menyadari dirinya sendiri dan berkembang secara spiritual hingga saat-saat terakhirnya di dunia kita, karena pertumbuhan spiritual tidak pernah berakhir.

Spiritualitas = Pemberian

Spiritualitas adalah pemberian, cinta, dan pemberian murni. Ini adalah kemampuan untuk bertindak tanpa menuntut imbalan apa pun bagi diri Anda sendiri—tidak dalam bentuk uang, kehormatan, perasaan baik, atau mendatangkan berkah bagi diri Anda sendiri atau kerabat Anda, dan seterusnya.

Spiritualitas adalah kebalikan dari sifat duniawi, yang sepenuhnya didasarkan pada penerimaan terhadap diri kita sendiri. Sifat kita tidak mengizinkan kita melakukan apa pun kecuali kita mendapatkan sesuatu darinya. [48]Dengan satu atau lain cara, kita tidak akan mengambil tindakan kecuali hal itu bermanfaat bagi kepentingan kita. Itulah sifat kita. Namun, spiritualitas ada di atasnya, berlawanan dengan itu.

Dimanakah Spiritualitas?

Spiritualitas tidak "ada"; itu di sini, di antara kita, di dalam diri kita. Jika kita ingin merasakan spiritualitas, kita perlu memperoleh kualitas spiritual, kualitas pemberian dan cinta kasih. Ketika kita memiliki kualitas tersebut, kita sudah dekat dengan spiritualitas, dan jika tidak, kita jauh dari spiritualitas.

Tidak Ada Paksaan dalam Spiritualitas

Pertanyaan: Apakah menerapkan proses spiritual sehari-hari dalam hubungan dengan saudara, rekan kerja, atau teman berarti memperbaiki sifat-sifat kita, seperti amarah dan sejenisnya?

Kita tidak akan pernah bisa benar-benar mengubah atribut kita. Namun, sebagai akibat dari pukulan yang kita derita dari masyarakat, dan karena dipermalukan serta direndahkan, kita

Kerohanian

belajar menyembunyikan hal-hal yang menyakiti kita. Kita tidak mengubah kualitas itu sendiri, namun menciptakan "wajah" eksternal terhadap masyarakat.

Kearifan Kabbalah tidak bertentangan dengan sifat manusia atau berupaya untuk melanggarnya. Kabbalis hanya mengatakan, "Lupakan sifat-sifat yang Anda miliki sejak lahir dan hingga saat ini; jangan repot-repot dengan mereka. Biarkan saja. Jangan memaksakan diri, tidak ada paksaan dalam spiritualitas." [49]Saat Anda melanjutkan perjalanan Anda, Anda akan melihat bagaimana atribut-atribut tersebut membantu perkembangan Anda tanpa "membengkokkannya" secara artifisial. Sementara itu, Anda harus membangun bagian lain di dalam diri Anda, apa pun yang ada di dalam diri Anda saat ini.

Tidak mudah untuk memahami hal ini. Memang benar, semua orang berbicara tentang perlunya menjadi orang yang lebih baik, namun yang mereka maksud adalah memperbaiki sifat-sifat yang mereka miliki sejak lahir. Kabbalah, sebaliknya, tidak membahas hal itu sama sekali. Bahkan ketika Para Kabalis berbicara tentang "Cintailah sesamamu seperti dirimu sendiri," mereka tidak memaksudkan apa yang kita maksudkan ketika kita memikirkan "cinta" terhadap orang lain. Mereka mengacu pada pendekatan yang benar-benar baru terhadap realitas.

Dengan kata lain, Kearifan Kabbalah tidak mengatakan kepada seseorang, "Kamu harus mencintai orang lain." Sebaliknya, hal ini membangun perasaan yang tampaknya baru di dalam diri, yang dengannya seseorang mulai merasakan bagian realitas yang tersembunyi. Lambat laun, sebuah gambaran muncul di mana kita semua terhubung sebagai bagian dari satu tubuh, dan cinta terhadap orang lain tak terhindarkan meledak.

> "Seseorang dapat memaksa dan memperbudak dirinya sendiri pada apa pun, tetapi tidak ada paksaan atau perbudakan di dunia ini yang dapat membantu cinta."
>
> Baal HaSulam, "Pengantar Studi Sepuluh Sephirot," Butir 66

Menghubungkan Percikan

Saat para ilmuwan meneliti dunia kita, kaum Kabbalis meneliti Dunia Atas dan mengungkapnya. Dalam kata-kata mereka, "dunia spiritual" berarti kita semua terhubung satu sama lain, bukan di dalam tubuh kita tetapi secara internal.

Dari bagian batin yang menghubungkan kita dengan dunia spiritual, kini ada percikan kecil di dalam diri kita, percikan keinginan akan sesuatu yang lebih tinggi dari dunia ini, yang menarik kita kembali ke spiritualitas. Percikan itu ada jauh di dalam diri kita dan disebut "titik di hati".

Untuk saat ini percikannya terbungkus dalam hati yang egois, itulah sebabnya kita merasa tidak ingin bersatu dengan orang lain. Namun, jika kita mengoreksi ego dalam diri kita

Kerohanian

dan mulai merasakan dunia spiritual, kita akan menemukan bahwa menaiki derajat spiritual juga berarti meningkatkan ikatan batin di antara kita. Ikatan itu menciptakan *kli* (wadah/keinginan) bersama di mana Cahaya agung dirasakan semakin kuat.

Akal dan Emosi

Hati Mengetahui

> "Kehendak pada hakikatnya menciptakan kebutuhan, dan kebutuhan menciptakan pemikiran dan konsep sehingga diperoleh kebutuhan-kebutuhan tersebut, yang dituntut oleh keinginan untuk menerima."
>
> Baal HaSulam, "Pengantar Kitab Zohar," Butir 21

Kita adalah makhluk emosional. Ketika keinginan tertentu muncul dalam diri kita, kita merasakan kebutuhan akan sesuatu dan kecerdasan mulai bertindak. Ini membantu kita memahami apa yang ingin kita rasakan dan bagaimana kita dapat memperoleh apa yang kita inginkan. Secara keliru, manusia mengukur diri mereka sendiri dan orang-orang di sekitar mereka berdasarkan kecerdasan mereka, namun kenyataannya adalah bahwa kecerdasan adalah hamba nafsu. Bagaimanapun, substansi yang diciptakan adalah keinginan.

Dalam perkembangan spiritual, kecerdasan jasmani tidak menentukan apa pun. Pemahamannya menembus hati, melalui perubahan keinginan. Ini adalah perkembangan emosional di mana kita memperoleh keinginan akan kualitas baru. Keinginan-keinginan ini memacu kecerdasan baru dalam diri kita, kecerdasan spiritual, yang membantu kita terus mendaki 125 derajat pencapaian spiritual .

Jalan Emas

> "Seseorang tidak dapat menopang tubuhnya di dunia tanpa memiliki pengetahuan tentang tatanan alam jasmani, seperti mengetahui racun mana yang mematikan, dan benda mana yang dapat membakar dan membahayakan. Tepatnya demikian, jiwa seseorang tidak mempunyai hak untuk hidup... kecuali ia telah memperoleh pengetahuan tentang tatanan sifat sistem dunia spiritual, perubahan-perubahan di dalamnya, hubungannya, dan apa yang dihasilkannya."
>
> Baal HaSulam, "Dari dalam dagingku aku dapat melihat Tuhan"

Kearifan Kabbalah merupakan kearifan yang unik. Di satu sisi membahas emosi seperti kebencian dan cinta. Di sisi lain, bahasanya bersifat ilmiah, menggunakan konsep dunia dan *Sephirot* , *kli* dan cahaya, sketsa dan tabel.

Bahasa emosional vs. bahasa teknis-ilmiah tampaknya agak berjauhan satu sama lain, namun untuk berkembang secara emosional dan mencapai tujuan spiritual kita, kita memerlukan pemeriksaan dan pengukuran. Kita mengamati keinginan, mengukur kualitas jiwa yang berkembang dalam diri kita dalam kaitannya dengan kualitas Sang Pencipta. Akal membantu kita mengarahkan, menyelaraskan, menilai, membagi, dan menimbang emosi.

Di dunia kita juga, kita tidak bisa berkembang tanpa mengintegrasikan kecerdasan dan emosi. Jika seseorang hanya mempunyai akal tanpa emosi, ia bagaikan sebuah mesin, dan jika seseorang hanya memiliki emosi dan tidak memiliki akal, ia tidak mampu berpikir. Kearifan Kabbalah mengajarkan kita untuk menemukan titik tengah antara emosi dan kecerdasan, sehingga seseorang dipenuhi dengan pengisian yang benar, yang benar-benar membuahkan hasil.

Sensasi yang Lebih Tinggi

> "Semakin seseorang berkembang, semakin ia merasakan."
>
> Baal HaSulam, "Kualitas Umum Kearifan yang Tersembunyi"

Berdasarkan sifat ciptaan kita, kita bercita-cita untuk menikmati hidup, merasa nyaman. Akal menganalisis data yang diterimanya dan mengarahkan kita pada apa yang menurutnya akan menghasilkan kesenangan terbesar. Ini menunjukkan kepada kita bagaimana menginvestasikan energi minimum untuk mencapai kesenangan maksimal pada setiap momen tertentu. Proses ini adalah dasar bagi setiap pemikiran dan tindakan kita, dan kecerdasan berkembang melaluinya.

Akal dan Emosi

Sepanjang sejarah umat manusia, kita telah menyerap kesan-kesan dari berbagai bentuk kehidupan. Tanpa mereka, kecerdasan dan emosi kita tidak akan berkembang. Bukan suatu kebetulan, misalnya, Revolusi Industri membawa masyarakat keluar dari desa ke kota. Proses itu terjadi karena kita harus saling berbaur, mengembangkan teknologi, ilmu pengetahuan, masyarakat, dan budaya untuk maju dari kehidupan primitif.

Berdasarkan data dan kesan yang kita kumpulkan di setiap tahap, kita membangun sistem sosial yang berbeda, yang kemudian kami ubah. Sosialisme, komunisme, kapitalisme, kediktatoran, demokrasi, agama, sains, teknologi, berbagai bentuk revolusi pendidikan, sosial, dan budaya—kita mencoba semua ini, hanya untuk akhirnya menyadari bahwa kita tidak tahu bagaimana cara merasa puas dalam waktu lama.

Kini, setelah mencoba segalanya, kita menyadari bahwa semua yang kita capai tidaklah cukup. Inilah akar krisis kolektif yang kita alami di semua bidang kehidupan. Perasaan berada di "jalan buntu" muncul dalam hati dan pikiran kita ketika kita mengantisipasi sensasi yang lebih besar daripada yang kita terima dalam kehidupan kita saat ini. Kita mencari di sekitar kita, tetapi tidak berhasil. Itu tandanya kita siap bangkit dari dimensi jasmani dan berkembang secara spiritual.

Ringkasnya, seluruh umat manusia kini ibarat penduduk desa, sesaat sebelum tiba di kota. Pada titik ini, kearifan Kabbalah terungkap, seolah-olah mengatakan, "Apakah Anda menginginkan sesuatu yang baru? Jadilah tamuku!"

Doa

Bekerja pada Diri Saya

"Doa adalah pekerjaan di dalam hati. Artinya karena hati seseorang adalah keinginan untuk menerima dari akarnya, dan seseorang perlu mengubahnya menjadi hanya untuk memberi dan bukan untuk menerima, maka seseorang harus bekerja keras untuk membalikkannya."

Rabash, *Tulisan Rabash*, Vol. 1, "Tiga Kali dalam Pekerjaan"

Koreksi rohani terjadi melalui kerja batin yang disebut "doa." Berdoa berarti mengklarifikasi pada diri sendiri siapa saya, siapa saya, dan apa yang saya inginkan.

Kepada Siapa Saya Berdoa?

Pertanyaan: Jika "Manusia adalah dunia yang kecil," sebagaimana tertulis dalam *Zohar*, dan segala sesuatu ada dalam diriku, lalu kepada siapa sebenarnya aku harus mengarahkan doaku?

Doa

Kita berpaling ke dalam, menuju diri kita sendiri, karena seluruh realitas ada di dalam diri kita.

Dimanakah Tuhan dan siapakah Dia? Tuhan adalah sebuah konsep yang mengacu pada kualitas spiritual yang ada jauh di dalam diri kita yang disebut *"Zeir Anpin."* Saat ini, hal itu disembunyikan dari kita dan kita harus mengungkapkannya. Istilah *Boreh* [Pencipta], juga mengarahkan kita ke dalam— *Bo* [datang] *Re'eh* [lihat], artinya melampaui ego Anda dan Anda akan melihat Sang Pencipta di dalam diri Anda.

Ada banyak tingkatan dalam diri kita. Setiap kali kita mencari perubahan, kita beralih ke tingkat yang lebih tinggi, yang masih tersembunyi, dan meminta bantuan dari tingkat yang lebih rendah. Hal ini disebut "berangkat ke atas dan menerima bantuan." Kita beralih ke tingkat yang lebih tinggi dalam diri kita, yang ingin kita capai, dan dari sana kita ingin menerima kekuatan koreksi. Menyerupai Sang Pencipta terjadi di dalam diri kita, dalam kualitas kita yang telah dikoreksi. Inilah yang diajarkan Kearifan Kabbalah— bahwa Sang Pencipta terungkap dalam "Cahaya Batin" di dalam diri kita.

Kita akan melangkah ke arah yang benar untuk menyatu dengan Sang Pencipta hanya dengan pendekatan terhadap persepsi realitas ini—bahwa Sang Pencipta ada di dalam, namun tersembunyi, dan kita ingin "menembus" Dia dan berpegang pada Dia dengan internalitas kita.

Secercah Cahaya

Hukum yang Tidak Dapat Ditembus

Jika kita membayangkan dan berdoa kepada seseorang di luar sana di surga untuk memberi manfaat bagi kita, kita tidak akan mampu memperbaiki sifat-sifat kita. Kita harus berdoa kepada apa yang ada di dalam diri kita, kepada keadaan kita yang lebih maju, yang disebut "Yang Atas". Kita berkata, "Keadaan saya yang lebih terkoreksi, saya ingin terhubung dengan Anda; kamu adalah Tuhan bagiku."

Apa itu "kamu?" Inilah aku, ketika aku lebih mencintai, memberi, dan lebih terhubung dengan orang lain.

Ibarat seorang anak yang ingin menjadi pilot. Dia membayangkan dirinya berada di kokpit, menerbangkan pesawatnya di atas rumah ibunya dan melambai padanya. Dia membayangkan dirinya sendiri, bukan orang lain, dalam keadaan yang lebih maju. Beginilah cara kita berpikir untuk mencapai tingkatan yang lebih tinggi, dan kemudian mencita-citakannya.

Jika kita berpikir seperti itu, kita tidak akan membuat kesalahan. Jika kita berpikir sebaliknya, kita akan berdoa ke tembok. Selama ribuan tahun, umat manusia berseru ke surga dengan sia-sia. Kita berharap Sang Pencipta mengasihani kita, dan tidak terjadi apa-apa. Situasinya semakin buruk dan semakin mengancam setiap harinya.

Sudah waktunya kita bangun dan menyadari bahwa tidak ada hal baik yang akan terjadi sampai kita mengubah diri kita sendiri. Semuanya hanya bergantung pada koreksi kodrat manusia menurut Hakikat Atas, hakikat cinta kasih dan memberi.

Dari Lubuk Hati

Pada masa Bait Suci kedua, para anggota majelis besar membentuk doa yang dilembagakan. Mereka telah mencapai spiritualitas luhur dan mengetahui bahwa bangsa tersebut akan memasuki keadaan pengasingan, terlepas dari perasaan dunia spiritual. Oleh karena itu, mereka menyiapkan semacam adaptor yang berperan menjaga hubungan tidak langsung tertentu antara bangsa dan spiritualitas. Doa-doa tersebut menggambarkan keadaan terkoreksi yang telah dicapai oleh pembuat doa. Doa-doa tersebut ditulis sebagai contoh apa yang akan kita capai dengan mengoreksi egoisme dalam diri kita.

Ada perbedaan mendasar antara membaca kata-kata doa yang fasih dari buku doa, dan mencapai keadaan spiritual saat kita mengalaminya. Dalam spiritualitas, doa-doa dibangun dalam keinginan kita, huruf demi huruf, kata demi kata, kalimat demi kalimat, dengan menggabungkan "*kli* dan Cahaya." Penggabungan ini menciptakan *TANTA* (*Taamim, Nekudot, Tagin, Otiot* [terjemahan Rasa, titik, tag, huruf]), yang digabungkan menjadi kata dan kalimat. Oleh karena itu, doa yang tulus dibangun dari dalam.

Kenikmatan

Lilin Kecil

Jika kita gabungkan seluruh kenikmatan yang dirasakan manusia sejak awal mula umat manusia hingga saat ini, maka kenikmatan tersebut hanyalah "lilin kecil" dibandingkan kenikmatan yang dialami di dunia spiritual.

Ini merupakan kenikmatan yang luar biasa sehingga kami tidak dapat menampungnya dalam *kli* kita saat ini. Oleh karena itu, mendaki dunia spiritual memerlukan peningkatan kemampuan *kli* kita.[50]

Momen Setelah Pertemuan

"Cahaya kesenangan adalah nenek moyang kehidupan."

> Baal HaSulam, "Pengantar Buku Panim Meirot uMasbirot," Butir 19

Kearifan Kabbalah mengajarkan kita bahwa makna hidup kita didasarkan pada momen perjumpaan kesenangan dan hasrat, momen ketika hasrat kita terpenuhi. Inilah sebabnya kita terus-menerus mencari kesenangan lain yang dapat kami temukan. Permen karet, permen, es krim, internet, film, jalan-jalan, liburan, apa saja…

Media dan orang-orang di sekitar kita juga memberikan pilihan tambahan untuk bersenang-senang. Namun, ketika kita menyadari bahwa, meski segala sarana yang kita miliki, hati kita masih kosong, itu tandanya kita siap untuk berkembang lebih jauh.

> "Masalahnya adalah kesenangan hanya berumur pendek dan penderitaan berumur panjang."
>
> Baal HaSulam, *Tulisan Generasi Terakhir*, Bab 2, "Arah Kehidupan"

Menikmati dengan Bijaksana

> "Keinginan untuk menerima adalah keseluruhan hakikat Ciptaan dari awal hingga akhir. Jadi, semua makhluk, semua kejadian dan tingkah laku mereka yang tak terhitung banyaknya yang telah muncul dan yang akan muncul, hanyalah ukuran dan berbagai tingkatan dari keinginan untuk menerima. Segala sesuatu yang ada pada makhluk itu, yaitu segala sesuatu yang diterima dalam kehendak menerima yang tercetak di dalamnya, berasal dari Dzat-Nya yang ada dari yang ada. Ini sama sekali bukan ciptaan baru, karena ia sama sekali bukan sesuatu yang baru. Melainkan, ia meluas dari keberadaan-Nya yang tiada habisnya."
>
> Baal HaSulam, "Kata Pengantar Kearifan Kabbalah," Butir 1

Secercah Cahaya

Hal mendasar dari Penciptaan adalah "keinginan untuk menerima kegembiraan dan kesenangan," keinginan untuk menikmati. Kita tidak bisa melepaskan diri dari hal itu, karena hal itu adalah landasan kehidupan.

Intensitas hasrat menjadi faktor pembeda antara yang diam, yang vegetatif, binatang, dan manusia. Sebuah batu bercita-cita untuk tetap menjadi batu, untuk mempertahankan keberadaannya. Tumbuhan ingin bergerak menuju matahari dan mengarahkan akarnya ke dalam tanah. Seekor binatang menginginkan lebih. Ia bergerak bebas dan menghasilkan keturunan. Derajat yang paling maju adalah nafsu yang ada pada diri manusia.

Kita ingin memperoleh kesenangan sebesar-besarnya, yang menyebabkan kita ingin menikmati segala hal baik yang ditawarkan dunia. Namun, kita juga merasa senang atas kemalangan orang lain. Keinginan seperti itu tidak ada pada derajat lain mana pun di Alam. Ini berasal dari kita sebagai makhluk sosial yang merasakan orang lain dan membandingkan diri kita dengan mereka. Akibatnya, orang berusaha memperoleh sebanyak mungkin, mencari kesenangan dengan mengorbankan orang lain, yang menyebabkan kita saling berbenturan.[51]

Kearifan Kabbalah mengajarkan kita bagaimana menikmati dengan bijak, bagaimana mengatasi hasrat individu akan kesenangan dan membangun hasrat akan kesenangan kolektif. Dalam hasrat yang bersatu seperti itu, kita akan menemukan

Kenikmatan

bahwa kita bisa menikmatinya tanpa batas. Masing-masing dari kita akan mulai menikmati kebebasan dan tidak harus berjuang untuk segala hal setiap saat. Kita semua akan saling mendukung dan mencapai kedamaian dan kegembiraan sejati.

Tiba-tiba kita akan merasa bisa menikmati semua yang dimiliki setiap orang. Hingga saat ini kita telah berusaha menggambar sebanyak mungkin untuk diri kita sendiri, dan ketika kita menemukan sesuatu untuk dinikmati, kenikmatan itu hanya berlangsung singkat dan cepat hilang. Segalanya tidak menentu dan rapuh. Tapi sekarang kita bisa menikmati apa yang ada di seluruh dunia. Kita tidak lagi dibatasi; yang lainnya tidak terbatas, dan kita semua menikmati kedamaian, ketenangan, cinta, dan pemberian yang ada di antara setiap orang.

Ternyata itu substansinya dari mana kita diciptakan, hasrat akan kesenangan, tidak berubah, namun cara kita menggunakannya telah ditingkatkan.

> "Kebatilan apakah yang ada dalam diri kita, yang tidak membuat kita senang dan tidak senang? Tidak kurang dan tidak lebih adalah cinta diri dalam diri kita yang menghalangi kita untuk menerima kegembiraan dan kesenangan."
>
> Rabash, *Tulisan Rabash*, Vol. 1, "Orang Benar yang Puas; orang Benar yang Tidak Puas"

Aliran Kesenangan

Metode yang disarankan Kabbalah untuk memuaskan hasrat kita akan kesenangan didasarkan pada aliran kesenangan. Masalah dalam situasi kita saat ini adalah kita membatasi kesenangan dalam diri kita, sehingga sensasi kesenangan pun lenyap. Namun, jika kenikmatan itu bisa menular melalui diri kita kepada orang lain, maka akan tercipta sebuah aliran tanpa batas, sebuah aliran yang tidak akan berhenti sampai disitu pun. Dengan cara ini, kita tidak akan merasakan hidup sebagai keadaan yang dipenuhi kesenangan dan keadaan berhenti merasakannya, namun sebagai kesenangan abadi.

Kesenangan Konstan

> "Seseorang harus mengerahkan seluruh kekuatannya untuk mencapai tingkat permanen di mana ia akan terus maju dan menerima kelimpahan terus-menerus dan setiap kesenangan dalam kesenangan terus-menerus... kesenangan demi kesenangan."
>
> Baal HaSulam, Surat no. 55

Pada akhirnya, kesenangan apa pun yang berakhir tidak ada gunanya. Tidak peduli berapa lama kesenangan itu berlangsung—sesaat, satu jam, sehari, atau bahkan setahun—jika akhirnya hilang, maka itu tidak akan berarti apa-apa.

Dalam spiritualitas, kesenangan bersifat abadi dan bersifat kumulatif. Saya memperoleh kesenangan sekarang, nanti, dan lebih banyak lagi.

Kata penutup

"Kelimpahan itu sendiri menyerupai lautan luas. Beberapa mengambilnya dengan bidal (pelindung jari ketika merajut); yang lain mengambilnya dengan ember."

Rabash, *Tulisan Rabash*, Vol. 1, "Kelebihan Si Kecil"

"Intinya di hati" tidak bisa lagi dilanjutkan dengan rutinitas hidup yang membosankan. Masih bisa terjadi kebingungan di sana-sini, tapi tidak akan bertahan lama. Mereka sudah menginginkan lebih dan tidak mau berkompromi. Itu membutuhkan Cahaya, cinta, dan kegembiraan sejati. Tentu saja layak untuk menerima yang terbaik yang ada. Inilah sebabnya mengapa hal ini membawa Anda pada perjumpaan dengan Kearifan Kabbalah.

Semoga jalan Anda selanjutnya berhasil!

Para Editor

Referensi

1. Talmud Babilonia, 52a
2. Pengkhotbah 2:13
3. Untuk informasi lebih lanjut lihat esai Baal HaSulam, "The Peace."
4. "Sang Pencipta maha pemberi, dan tidak ada sesuatu pun yang berupa penerimaan, karena Dia tidak kekurangan apa pun dan tidak perlu menerima apa pun dari makhluk yang diciptakan-Nya." (Baal HaSulam, esai "Perdamaian di Dunia.")
5. Yesaya, 14:14
6. "Selama enam ribu tahun ada dunia," *Talmud Babilonia*, Sanhedrin 97a
7. Buku-buku Kabbalah menggambarkan dua cara yang dapat digunakan dunia untuk mencapai koreksi yang diperlukan: "jalan penderitaan" dan "jalan kesadaran." Untuk informasi lebih lanjut mengenai hal ini, lihat *The Writings of The Last Generation* karya Baal HaSulam , awal Bagian Satu; dan dalam *Kabbalah untuk Pelajar*, esai "Pengantar Buku, *Panim Meirot uMasbirot* ," Butir 7; "Pengantar Kitab Zohar," Butir 16; "Kontrol Pikiran atas Tubuh" di "Kebebasan."
8. "Dan di dalamnya, kita ibarat tumpukan kacang-kacangan yang disatukan menjadi satu tubuh dari luar dengan karung yang membungkus dan menyusunnya. Besarnya kesatuan itu tidak mengubah mereka menjadi satu tubuh yang bersatu, dan gerakan sekecil apa pun yang dilakukan di atas karung,

Referensi

mengakibatkan mereka berlarian dan berpisah satu sama lain. Akibatnya, mereka membentuk unifikasi dan kombinasi parsial yang terus diperbarui. Dan kekurangannya adalah mereka tidak memiliki kesatuan alami dari dalam, dan kekuatan mereka untuk terikat berasal dari faktor eksternal. …ini sangat menyakitkan hati… dan satu-satunya harapan adalah mengatur pendidikan ulang yang mendasar bagi diri kita sendiri, mengungkapkan dan menghidupkan kembali cinta yang redup dalam diri kita." Baal HaSulam, "Individu dan Bangsa."

9. "Akulah Tuhan, Aku telah memanggil Engkau dalam kebenaran, Aku juga akan memegang tangan-Mu dan menjaga-Mu, dan Aku akan menjadikan Engkau sebagai perjanjian bagi bangsa-bangsa, sebagai cahaya bagi bangsa-bangsa" (Yesaya, 42: 6).

10. Seandainya Israel menjaga perbuatan baik… bangsa-bangsa tidak akan mendominasi perbuatan baik tersebut. Namun, Israel menyebabkan negara-negara lain mengangkat kepala mereka di dunia" *The Book of Zohar,* Portion *VaYechi* [And Jacob Lived, item 412.

11. Baal HaSulam, "Pengantar Kitab Zohar," Butir 70

12. Baal HaSulam, "Pengantar Kitab Zohar," Butir 71

13. "Titik di hati hendaknya merupakan tempat kesucian tempat bersemayamnya Cahaya Sang Pencipta, sebagaimana tertulis 'Dan Aku bersemayam di dalamnya.' Oleh karena itu, seseorang harus berusaha membangun bangunan kesuciannya, dan bangunan tersebut harus sesuai untuk dimasuki oleh Kelimpahan Atas, yang disebut 'kelimpahan yang dianugerahkan dari Pemberi kepada Penerima.' Namun harus ada kesetaraan wujud antara Pemberi dan Penerima, sebagaimana diketahui bahwa penerima juga harus

mempunyai niat untuk melimpahkan seperti Pemberi. Ini disebut 'Membuat', sebagaimana ada tertulis 'Dan mereka akan menjadikan-Ku sebuah kuil.'" Rav Baruch Shalom Ashlag (Rabash), *The Writings of Rabash*, Vol. 3, "Intinya di Hati"

14. Lihat Rabbi Baruch Shalom Ashlag, Esai "Langkah Tangga," Pentingnya Doa Banyak Orang."
15. "Semua inovasi dimulai hanya setelah seseorang dihargai dengan muncul dari penerimaan diri. Inilah makna larangan mengajarkan Taurat kepada penyembah berhala, karena ketika berada di Mesir, ia tidak bisa menjadi seorang Yahudi, karena ia diperbudak oleh Firaun Raja Mesir. ...Hanya setelah seseorang keluar dari Mesir, yang berarti penerimaan diri , dia bisa menjadi hamba Sang Pencipta, dan kemudian dia bisa diganjar dengan Taurat." Rav Baruch Shalom Ashlag (Rabash), *Tulisan Rabash*, Vol. 3, "Inovasi Pertama"
16. "Kami menyebut unsur-unsur realitas Dunia Atas sebagai 'Cahaya', karena unsur-unsur tersebut memberikan cahaya dan kesenangan yang melimpah kepada mereka yang mencapainya." Baal HaSulam, "Ajaran Kabbalah dan Esensinya."
17. Talmud Babilonia, *Kidushin*, 30b
18. "Seorang diri tidak mungkin mampu melawan alam, karena urusan pikiran dan hati yang harus diselaraskan itu perlu mendapat bantuan, dan bantuan itu melalui Taurat, sebagaimana kata orang bijak kita, 'Aku telah menciptakan kecenderungan batil, Aku telah menciptakan Taurat sebagai bumbu.' Hal ini terjadi karena ketika terlibat di dalamnya, Cahaya di dalamnya mereformasi mereka" (Rabash, *The Writings of Rabash*, Vol. 1, "Apa Itu Torah dan Pekerjaan di Jalan Sang Pencipta"). "Taurat mengacu pada Cahaya yang

diselubungi Taurat" (Baal HaSulam, *Shamati* , Esai no. 6.) "Taurat adalah Cahaya Sederhana yang meluas dari Dzat-Nya, yang keagungannya tiada habisnya." Baal HaSulam, "Pengantar buku, Dari Mulut Seorang Bijak." Lihat juga *Midrash Raba* , *Eicha* , Pendahuluan, Paragraf no. 2.

19. *Talmud Babilonia* , *Kidushin* 70a
20. Dikaitkan dengan Baal Shem Tov, dalam buku *Maor Eynayim* [Cahaya Mata], Porsi *Hukat* .
21. "Ada tertulis, 'Seluruh bumi penuh dengan kemuliaan-Nya,' sebagaimana tertulis dalam *Zohar Suci* , 'Tidak ada tempat yang kosong dari-Nya.' Kita tidak merasa hal ini terjadi karena kita tidak mempunyai wadah untuk melakukan penginderaan, sama seperti kita melihat bahwa radio menerima semua suara yang ada di dunia, karena alat penerimanya tidak mengeluarkan suara, melainkan suara itu ada dalam realitas dunia. Sebelum memiliki alat penerima, kita tidak akan merasakan suara meskipun suara itu ada di dunia nyata. Demikian pula, kita dapat memahami bahwa 'Tidak ada tempat yang kosong dari-Nya', namun kita membutuhkan alat penerima. Peralatan penerima disebut *Dvekut* [adhesi] dan 'kesetaraan bentuk', yaitu kehendak untuk melimpahkan. Dan ketika kita memiliki mesin itu, kita akan segera merasakan bahwa tidak ada tempat yang kosong dari-Nya, melainkan 'Seluruh bumi penuh dengan kemuliaan-Nya.'" Rabash, *The Writings of Rabash* , Vol. 3, "Melalui Tindakan Anda Kami Mengenal Anda
22. Untuk informasi lebih lanjut, lihat esai Baal HaSulam, "Esensi Kebijaksanaan Kabbalah."
23. *Kitab Zohar* dengan tafsir *Sulam* , "Pengemudi Keledai."
24. *Kitab Zohar* dengan Komentar *Sulam* [Tangga], Porsi *Lech Lecha* [Maju], item 330; dan Bagian Pinhas, butir 859.

25. Untuk informasi lebih lanjut mengenai topik *Kitab Zohar* dan pendekatan yang benar dalam mempelajarinya, lihat buku Dr. Michael Laitman, *Membuka Kunci Zohar*.
26. *Studi Sepuluh Sephirot* karya Baal HaSulam tentang prinsip utama Kabbalah ARI, Bagian 10-12
27. Untuk lebih lanjut, lihat Rabash, *The Writings of Rabash*, Vol. 3, "Melalui Tindakan Anda Kami Mengenal Anda"
28. Kidung Agung 2:9
29. "Dan ayah dan ibunya serta seluruh bangsa adalah penyembah berhala, dan dia [Abraham] beribadah bersama mereka. Dan hatinya mengembara dan memahami, sampai dia mencapai jalan kebenaran, dan memahami garis keadilan melalui pikirannya yang benar... Dan dia memecahkan gambar-gambar itu dan mulai memberi tahu bangsa itu bahwa tidak ada ibadah yang layak selain Tuhan. dunia" (Maimonides, *Mishneh Torah, Book of Science*, "Laws of Idolatry," 10-12).
30. "Karena tubuh mempunyai 248 organ dan 365 urat, maka jiwa juga mempunyai 613, yang merupakan saluran jiwa yang melaluinya karunia itu disalurkan. Dan saluran-saluran ini dibuka melalui Taurat" (Baal HaSulam, *Shamati*, Essay no. 162).
31. Maimonides, *Mishneh Torah*, *Kitab Cinta*, "Hukum *Tefillin* dan *Mezuzah* dan Kitab Taurat," Bab 7, Peraturan no. 1, Perintah kepada setiap orang Israel untuk menuliskan bagi dirinya sendiri sebuah kitab Taurat, seperti ada tertulis, "Sekarang tulislah lagu ini untukmu" (Ulangan 31:19).
32. Untuk informasi lebih lanjut mengenai topik *TANTA*, lihat Baal HaSulam, "Kata Pengantar Kebijaksanaan Kabbalah," item 46-49, dan Rabash, *The Writings of Rabash*, Vol. 3, "TANTA"

Referensi

33. Lihat esai Baal HaSulam, "Esensi Kebijaksanaan Kabbalah," dan *Studi Sepuluh Sephirot*, Bagian 1, "Refleksi Batin."
34. Untuk lebih lanjut, lihat "Pengantar Studi Sepuluh Sephirot" karya Baal HaSulam, Butir 22.
35. "Jika seseorang menikmati... pada saat itu ia sedang memberkati Penciptanya... Dan jika seseorang menderita kesakitan... meskipun ia tidak mengucapkan kutukan melalui mulut, perasaan itu tetap mendominasi. Inilah sebutannya Batil, karena ketika mengalami rasa sakit apa pun, mau tidak mau dia mengutuk... karena dendam itu diungkapkan dalam perasaan itu sendiri dan tidak perlu diungkapkan di depan umum. Dan kalaupun dia mengucapkan berkah, itu seperti sanjungan, ibarat pemilik yang memukul budaknya, dan budak itu berkata kepadanya, 'Aku sangat menikmati pemukulan itu, aku gembira dengan sepenuh hatiku.' Dalam hal ini telah dikatakan, 'Siapa yang berbohong tidak akan ditegakkan.'" Baal HaSulam, Surat no. 55
36. "Orang batil adalah orang yang masih tenggelam dalam cinta diri, karena orang benar disebut 'baik', dan kebaikan disebut 'penganugerahan'" (Rabash, The Writings of Rabash, Vol. 1, "Who Testify to a *Person*").
37. Talmud Babilonia, *Sukkah* 45b
38. "Jiwa memiliki 613 wadah, yang disebut 248 organ dan 365 urat spiritual" Baal HaSulam, "Kata Pengantar Kitab Zohar," Butir 38
39. "Ketika seseorang mempunyai tujuan untuk memberikan, tindakan seperti itu disebut *Mitzva*" (Rabash, *The Writings of Rabash*, Vol. 2, "Concerning the Reward that We Accept"). Untuk informasi lebih lanjut tentang 613 *Mitzvot* menurut *Kitab Zohar* (613 nasihat dan 613 Deposit), lihat "Pengantar Buku, Dari Mulut Seorang Bijak" oleh Baal HaSulam.

40. Baal HaSulam mengatakan tentang hal ini dalam *The Writings of the Last Generation* (Bagian 4, Bagian 3, "Iman pada Misa"), "Mereka merusak makna Taurat dan *Mitzvot*."
41. *Beresheet* Raba, 44:1
42. Soal taubat itu adalah membalikkan kemauan menerima menjadi kemauan memberi, yang dengannya mereka kembali melekat pada Sumber Atasnya, dan diganjar dengan melekat abadi...artinya terungkap Cahaya kebijaksanaan, kesempurnaan, dan kejernihan" (Rabash, Surat no. 23).
43. Dalam bukunya, *Yesod Morah* [The Basis of Fear], Eben Ezra mengacu pada ayat-ayat berikut: "Tuhan menyelidiki setiap hati" (Tawarikh 1, 28:9), "Sunatlah kulup hatimu" (Ulangan 10:16), dan menjelaskan bahwa "Taurat diberikan hanya kepada orang yang berhati hati" (Rabbi Abraham Eben Ezra, *Yesod Morah* , hal 8b-9a).
44. Mengenai perbedaan hikmah Kabbalah dan agama, Ramchal mengatakan, "Kebutuhan akan hikmah kebenaran memang sangat besar. Pertama-tama izinkan saya memberi tahu Anda bahwa hal itu harus diketahui karena kita diperintahkan, karena ada tertulis, 'Ketahuilah hari ini, dan tanamkan dalam hatimu bahwa Tuhan, Dialah Tuhan,' dll. Oleh karena itu, kita harus mengetahui, dan tidak hanya percaya, namun segala sesuatunya harus masuk akal, sebagaimana dinyatakan secara eksplisit 'dan kamu telah memperbarui hatimu.' Oleh karena itu, kita harus mengetahui dua hal: bahwa satu-satunya Penguasa adalah Dia yang memerintah segalanya, baik di Atas maupun di bawah; dan yang lainnya—tidak ada yang lain, amit-amit, yang bermaksud mengetahui kebenaran keunikan-Nya. Kedua hal ini yang perlu kita ketahui, beritahu saya, dari mana kita akan mengetahuinya? Dan hikmah manakah yang akan mengajarkannya kepada kita? Kita tidak

Referensi

akan dapat memahaminya dari Taurat yang harafiah, karena atas dasar apakah Taurat yang harafiah itu didasarkan? Hanya berdasarkan *Mitzvot*, cara melaksanakannya, dan semua tata cara mereka, atau berdasarkan narasi tindakan yang terjadi, yang disebutkan di sana... Dan jika Anda tidak mengambil pengetahuan itu dari semua itu, Anda harus tetap melaksanakan *Mitzva itu*, dan Anda harus menemukan cara untuk mempertahankannya. Dan ini hanya ada dalam kebijaksanaan kebenaran ini" (Ramchal, *The Book of Moses' Wars*, "Rules," Rule no. 1).

Rav Chaim Vital, murid utama dan penerus ARI, menekankan, "Sang Pencipta tidak memperoleh kesenangan dari semua yang Dia ciptakan di dunia-Nya kecuali ketika anak-anak-Nya di bawah ini terlibat dalam rahasia Taurat untuk mengetahui kebesaran, keindahan, dan pahala-Nya. Hal ini terjadi karena dalam Taurat literal, dalam kisah-kisahnya, peraturan-peraturannya, dan perintah-perintahnya sebagaimana adanya, tidak ada pengenalan atau pengetahuan yang dapat digunakan untuk mengenal Penciptanya, terpujilah Dia. Sebaliknya, ada perintah dan hukum di dalamnya yang tidak dapat ditoleransi oleh pikiran" (*The Writings of the ARI*, "Introduction of Rav Chaim Vital to the Gate of Introduction").

45. Baal HaSulam, *Tulisan Generasi Terakhir*, Bagian 1, Bagian 11
46. Dalam makalah *The Nation*, Baal HaSulam mendeskripsikannya sebagai berikut: "Bumi pada mulanya berupa bola gas yang menyerupai kabut. Melalui gaya gravitasi di dalamnya, ia memusatkan atom-atom di dalamnya menjadi lingkaran yang lebih sempit untuk jangka waktu tertentu. Akibatnya, bola gas tersebut berubah menjadi bola api cair. Kemudian, selama periode peperangan yang mengerikan antara dua kekuatan

di Bumi, kekuatan positif dan negatif, kekuatan kesejukan mengalahkan kekuatan api cair, dan mendinginkan cangkang tipis di sekitar Bumi dan bertatahkan di sana... Dengan demikian, era-era tersebut saling bertukar . Setiap kali kekuatan kesejukan menguasai, cangkang yang disusulnya menjadi lebih tebal, hingga kekuatan positif mengalahkan kekuatan negatif dan mencapai keselarasan sempurna: Cairan menempati tempatnya di kedalaman bumi, dan cangkang dingin menebal di sekelilingnya, membuat dimungkinkan untuk menciptakan kehidupan organik di atasnya seperti saat ini."

47. Di antara benda yang tidak bergerak dan tumbuh-tumbuhan terdapat karang. Dan di antara yang tumbuh-tumbuhan dan yang bernyawa ada *Adnei ha Sadeh* [harfiah: Legenda dari Tanah]... Dan di antara Binatang dan yang berbicara adalah kera" (ARI, *Pohon Kehidupan* , Gerbang 42, Bab 1. Itu juga muncul dalam *The Study of the Ten Sephirot karya* Baal HaSulam , Bagian 3, Bab 5, item 3).

48. "Para peneliti Alam telah mengetahui bahwa seseorang tidak dapat melakukan gerakan sekecil apa pun tanpa motivasi, tanpa memberikan manfaat bagi dirinya sendiri. Ketika misalnya seseorang menggerakkan tangannya dari kursi ke meja, hal itu karena ia mengira dengan meletakkan tangannya di atas meja ia akan lebih menikmatinya. Jika dia tidak berpikir demikian, dia akan meninggalkan tangannya di kursi selama sisa hidupnya tanpa menggerakkannya sama sekali. Terlebih lagi jika ada upaya yang lebih besar" (Baal HaSulam, "The Peace").

49. Baal HaSulam, *Kajian Sepuluh Sephirot* , Bab 1,"Refleksi Batin, butir 14

50. "Ada tertulis di dalam *Zohar Suci* bahwa ada lilin kecil yang menyala di [cangkang] *Klipot* untuk menopangnya. Artinya,

segala kenikmatan di duniawi hanyalah secercah cahaya jika dibandingkan dengan kenikmatan dan kesenangan yang ada di dalam spiritualitas. Jadi, bahkan tingkat spiritualitas yang paling rendah, seperti *Nefesh* dari *Assiya* , mengandung lebih banyak kesenangan daripada semua kesenangan duniawi" (Rabash, *The Writings of Rabash*, Vol. 1, "Concerning Happiness"). Semua kegembiraan dan kenikmatan yang dapat diterima oleh keinginan untuk menerima di dalam *kli* hanyalah secercah cahaya dibandingkan dengan Cahaya yang menyelimuti *kli* untuk memberi " (Rabash, *The Writings of Rabash* , Vol. 2, "What Is the Significance of the Bridegroom, that His Sins Are Forgiven.") Untuk informasi lebih lanjut mengenai topik ini lihat *Kitab Zohar* dengan Komentar *Sulam* , "Pendahuluan Kitab Zohar," Butir 175.)

51. Segala peperangan, pembunuhan, pencurian, dan sebagainya, yang ada di dunia, adalah karena masing-masing orang ingin mendapatkan kesenangan" (Rabash, *The Writings of Rabash* , Vol. 1, "For Her Sake and Not for Her Sake").

www.ingramcontent.com/pod-product-compliance
Lightning Source LLC
Chambersburg PA
CBHW071422080526
44587CB00014B/1717